Udo Krause

Bier

selbst gebraut

LUDWIG

Inhalt

Winterweizen liefert ein besseres Malz als der Sommerweizen.

4   Vorwort

6   Das Reinheitsgebot

8   Zutaten für die Bierherstellung

9   Braugerste und Malz

15   Hopfen

20   Hefe

26   Brauwasser

32   So wird Bier gemacht

33   Brauanleitung im Überblick

35   Die sieben Phasen der Bierherstellung

35   Phase 1: Vorbereitungen

38   Phase 2: Maischen

44   Phase 3: Abläutern und Anschwänzen

48   Phase 4: Würze und Hopfen kochen

52   Phase 5: Ausschlagen und Würzekühlung

Beim Maischen wird unter ständigem Rühren mit dem Maischholz die Temperatur erhöht.

55   Phase 6: Hauptgärung

63   Phase 7: Nachgärung
     und Reifung

70   Tipps und Tricks für
     Bierbrauer

71   Die Biersteuer

72   Das Brauprotokoll

74   Braufehler – Ursache und
     Vermeidung

78   Die 14 wichtigsten
     Bierrezepte

87   Lexikon der
     Fachbegriffe

94   Bezugsquellen,
     Anschriften

95   Über dieses Buch

96   Register

Die wesentlichen Zutaten aller Rezepte sind Braumalz, Hopfen, Hefe und gutes Quellwasser.

4

Vorwort

Eine der Folgen der industriellen Herstellung von Lebensmitteln ist, dass viele Menschen in der heutigen Konsumgesellschaft keinen Bezug mehr zur Herkunft der Lebens- und Genussmittel haben, die sie regelmäßig zu sich nehmen.

In früheren Zeiten war die Bierbrauerei hierzulande kein Privileg von Klöstern oder gewerblichen Brauereien, sondern viele Haushalte brauten für den eigenen Bedarf. Diese ursprüngliche Form der Bierherstellung war noch zu Beginn des 20. Jahrhunderts weit verbreitet, ging aber in den letzten 50 Jahren fast völlig verloren. Der so genannte Fortschritt und unsere »moderne« Lebensweise haben – nicht nur bei der hausgemachten Bierherstellung – dazu geführt, dass die Möglichkeiten und Techniken der Selbstversorgung mit Lebensmitteln weitgehend zugunsten industriell hergestellter Massenware verdrängt wurden.

Doch die zunehmende Skepsis gegenüber der »Ware« Lebensmittel, die vor allem unter dem Gesichtspunkt immer höherer Erträge und Gewinne bei immer weiter steigender Technisierung produziert wird, löst Verunsicherung und Unbehagen aus. Der Entstehungsprozess vieler Produkte ist unüberschaubar geworden, und die berechtigten Zweifel an deren Qualität und Ursprung werden von vielen Menschen zunehmend mit veränderten Ernährungsgewohnheiten und bewussterem Konsumverhalten beantwortet.

Der Reiz an Hausgemachtem

Der Supermarkt als Gesundheitsrisiko lässt die Biowelle boomen, und das Selbermachen erlebt eine Renaissance. Es liegt in der Natur vieler Menschen, den grundlegenden Dingen des täglichen Lebens nachzuspüren. Eben deshalb erfreuen sich Hobbys wie Brot backen, Obst und Gemüse einkochen, Wurst, Käse und Butter herstellen oder gar Wein keltern zunehmender Beliebtheit. Das alles ist für viele Menschen mehr als nur eine attraktive Freizeitbeschäftigung. Es ist in der heutigen Zeit schon eine besondere Selbsterfahrung, eigenhändig etwas entstehen zu lassen, etwas zu bewirken – und es spart nicht nur Geld, sondern macht vor allen Dingen Spaß?

Das Wissen um Ursprung und Qualität stärkt unser Vertrauen und Selbstbewusstsein.

Qualität wird u. a. durch regelmäßige Kontrollen der Fässer erzielt.

Zu Hause Bier brauen

Warum also nicht auch das eigene Bier brauen? Doch bis in die 80er Jahre des 20. Jahrhunderts gab es in Deutschland etwa 70 Jahre lang für die eigene Bierbereitung ein Brauverbot. Es war nicht erlaubt, Braustoffe oder Anleitungen über die Bereitung von Bier im Haushalt anzupreisen. Dieses faktische Brauverbot ist seit etwa 15 Jahren im Zuge der EU-Liberalisierung nach und nach aufgehoben worden.

Bier- und Qualitätsbewusstsein aus der Oberliga

Der Reiz am Experimentieren mit verschiedenen Malzsorten oder unterschiedlichen Braumethoden liegt nicht zuletzt darin, ein Bier zu brauen, das den ganz persönlichen Geschmack trifft. Diese kreative Freiheit hat heute keine Brauerei mehr! Nach einiger Zeit wird die überzeugende Güte des Selbstgebrauten dazu führen, dass Sie nie wieder das gewöhnliche Industriebier trinken möchten. Denn die erzielbare Qualität und der geschmackliche Charakter Ihres Biers haben ein höheres Niveau als jedes Massenbier.

Bierbrauer an der Maische, Ende 19. Jahrhundert.

Über dieses Praxishandbuch

Dieses Buch möchte Ihnen die nötigen Hilfestellungen für die Praxis der eigenen Bierherstellung an die Hand geben. Dafür werden alle Zutaten, der Brauvorgang und die dabei benötigten Ausrüstungsgegenstände erläutert. Für die Rezeptauswahl stehen Ihnen 14 bewährte Bierrezepte zur Verfügung. Auf dieser Grundlage und nach etwas praktischer Erfahrung können Sie fast unbegrenzte Rezeptvariationen selbst kreieren. Vielleicht werden Sie dann den Ehrgeiz haben, die großen Biere dieser Welt zu brauen. Sicherlich werden Sie aber Ihren eigenen Stil finden, verfeinern und dabei eben Ihr persönliches Lieblingsbier entwickeln, das es in keinem Laden zu kaufen gibt.

Beim Bierbrauen handelt es sich keineswegs um eine hochkomplizierte Großtechnologie, wie man sie etwa in einer modernen Brauerei besichtigen kann. Bier besteht nur aus vier Grundstoffen: Malz, Hopfen, Hefe und Wasser. Das ist alles und heutzutage mühelos und ganz legal zu beschaffen.

Das Reinheitsgebot

Das deutsche Reinheitsgebot für unser Bier geht auf einen Erlass des Herzogs Wilhelm IV. von Bayern aus dem Jahre 1516 zurück. Der wichtigste Absatz dieses Reinheitsgebotes lautet:

»Ganz besonders wollen wir, dass forthin allenthalben in unseren Städten, Märkten und auf dem Lande zu keinem Bier mehr Stücke als allein Gersten, Hopfen und Wasser verwendet und gebraucht werden sollen.«

Die Hefe war zu dieser Zeit übrigens noch unbekannt.

Das Reinheitsgebot gilt als die älteste lebensmittelrechtliche Bestimmung der Welt, wobei der Hintergrund dieser alten Regelung wohl kaum der Schutz des Biertrinkers vor verfälschtem, unreinem Bier war. Dem Herzog ging es höchstwahrscheinlich in Wirklichkeit darum, den knappen Weizen ausschließlich für die Brotherstellung zu sichern und den bayerischen Gerstenbauern einen krisensicheren Absatzmarkt zu gewährleisten.

Die Herstellung eines naturbelassenen Bieres hängt von der Qualität der Rohstoffe ab. Aus diesem Grund sollten Sie Braurohstoffe aus ökologischem Anbau verwenden, denn das Reinheitsgebot sollte bereits auf dem Acker anfangen.

Klöster waren bereits im Mittelalter für ihre Braukunst bekannt.

Das Reinheitsgebot heute

Das Reinheitsgebot ist seit 1906 gültig und hat noch heute seine Bedeutung. Das geltende deutsche Biergesetz bestimmt nämlich, dass für die Bierbereitung nur Gerstenmalz (für obergärige Biere auch andere Getreidearten), Hopfen, Hefe und Wasser verwendet werden dürfen. Allerdings gilt diese Regelung seit einer Harmonisierung des EU-Marktes im Jahre 1987 nur für den Inlandsmarkt, also für Bier, das sowohl in Deutschland hergestellt als auch hier verkauft wird. Für aus dem Ausland importiertes Bier, das teilweise nicht nach dem Reinheitsgebot gebraut wird, müssen andere enthaltene Stoffe deutlich gekennzeichnet sein.

Das Reinheitsgebot ist in der heutigen Zeit, in der wir mit vielfältiger Chemie in Nahrungsmitteln konfrontiert werden, sicherlich eine Bestimmung, die man sich in ähnlicher Konsequenz auch für andere Lebensmittel wünscht. Es garantiert Chemikalienfreiheit, wie sie sonst für kaum ein anderes Lebensmittel existiert. Auf alle Fälle haben die Regeln des Reinheitsgebotes bisher verhindert, dass die im Ausland erlaubten

Zusatzstoffe sowie chemische Hilfs- mittel in unserem Bier nicht zu finden sind. Um das vergleichsweise teure Gerstenmalz zu ersetzen, sind im Ausland teilweise Billigrohstoffe wie Mais, Soja, Reis, Maniok, Hirse oder Rohfrucht (unvermälztes Getreide) für die Bierherstellung erlaubt. Pro- blematischer erscheint allerdings die direkte Zugabe von chemischen Sub- stanzen, Enzympräparaten, gentech- nisch veränderter Hefe, Antioxidan- tien, Konservierungsstoffen, Stabilisierungs- und Klärmitteln, bei- spielsweise zur Schaumverbesserung, Geschmacksoptimierung, Klärung und Haltbarmachung dieser Biere.

Kritische Anmerkung

Fallen Sie nun aber nicht auf die schlichte Behauptung der deutschen Brauindustrie herein, dass ein Bier rein ist, weil es nach dem Reinheits- gebot gebraut wurde – das ist reine Kosmetik auf dem Etikett.
Auch deutsche Brauereien dürfen beispielsweise Klärungs- und Stabili- sierungsmittel verwenden, sofern sich diese Stoffe wieder aus dem Bier ent- fernen lassen. Das von den Braue- reien gern als Umweltargument in

ihrer Werbung dargestellte Reinheits- gebot erfasst übrigens auch nicht die Vorbelastungen, die mit konventionell angebauter Gerste und Hopfen durch den zunehmend bedenklicher werden- den Einsatz von che- misch-synthetischen Pflanzenschutzmitteln oder Düngemitteln in das Bier einge- schleppt werden.

Eigenes Bier

Bei der eigenen Bierzubereitung dagegen besteht der Vorteil u. a. dar- in, dass man weiß, was drin ist. Sie kommen beim biologischen Ablauf des Brauens völlig ohne chemische Hilfs- oder Zusatzmittel aus. Nicht so streng dagegen dürfen Sie mit dem Reinheitsgebot verfahren, sofern es sich um naturreine Zusatzstoffe wie Malzextrakte, Mais-, Gersten- oder Haferflocken handelt, die zwar nicht dem Reinheitsgebot entsprechen, aber für bestimmte Bierrezepte geschmackspositive Aspekte ein- bringen.

König Gambrinus gilt als Erfinder der Hopfen- zugabe.

Sie dürfen sich selbstverständlich über das Reinheits- gebot hinwegset- zen, wenn Sie z. B. ein Altbier mit unter- statt obergä- riger Hefe vergären oder ein Pils mit einem Anteil von Weizenmalz brauen möchten.

Aus der Natur: Braumalz, Hopfen,

Bierhefe und Wasser, die Zutaten

für Ihre Bierherstellung.

Zutaten *für die*
Bierherstellung

In diesem Kapitel werden alle Zutaten vorgestellt, die man zum Bierbrauen braucht. Als Hobbybrauer sollte man darauf achten, Hopfen und Malz aus kontrolliert ökologischem Anbau zu verwenden.

Braugerste und Malz

Im Prinzip kann aus jedem Getreide Bier gebraut werden. Gerste ist jedoch die am besten geeignete Getreideart. Gerstenmalz enthält zahlreiche Enzyme, durch die Stärke und Eiweiß abgebaut und in eine lösliche Form überführt werden.
Die beste Braugerste ist die lockerährige zweizeilige, nickende Sommergerste. Im konventionellen Anbau handelt es sich dabei fast ausschließlich um besonders gezüchtete Hochertragssorten, die im Gegensatz zur ökologisch angebauten Braugerste auch schwächere Abwehrkräfte gegenüber Krankheiten besitzen und deshalb einen umfassenden Einsatz von Pestiziden und Wachstumsregulatoren bedürfen. Diese Pflanzenbehandlungsmittel sind gesundheitlich äußerst bedenklich, weshalb deren Verwendung im ökologischen Anbau

verboten ist. Gleiches gilt sinngemäß auch für die Behandlung des Braugetreides oder des Saatgutes während der Lagerung mit chemisch-synthetischen Lager- und Vorratsschutzmitteln, Saatgutkonservierern oder Keimhemmungsmitteln (z. B. Methylbromid, Malathion, Blausäure, Phosphin, Pyrethrum). Bei ökologisch angebautem Braugetreide wird stattdessen unschädliches Kohlendioxid und Stickstoff eingesetzt.
Sommergerste ist gegenüber anderen Gerstensorten zwar weniger ertragreich, dafür aber besonders enzymreich, etwas eiweißärmer und stärkereicher als etwa Futtergerste. Ein niedriger Eiweißgehalt ist für helle Biere unerlässlich, weil eiweißreichere Gerste sich schlechter verarbeiten lässt, den Stärkegehalt verringert und Trübungen im Bier hervorrufen kann. Die Ursache für einen unerwünscht hohen Eiweißgehalt ist die Düngung der Braugerste mit zu viel Stickstoff zum Zweck der Ertragssteigerung. Braugerste aus dem ökologischen Anbau wird erheblich zurückhaltender gedüngt, und alle synthetischen Düngemittel sind hier verboten.

Alle Getreidesorten enthalten Stärke, die unter bestimmten Bedingungen und unter Mitwirkung von Enzymen zu vergärbarem Zucker abgebaut wird.

Gute Braugerste sollte folgende Werte aufweisen

- Keimenergie und Keimfähigkeit mindestens 96 %
- Quellvermögen mindestens 45 %, besser über 50 %
- Wassergehalt maximal 10 – 12 %
- Eiweißgehalt 9 – 11,5 % (mögl. nicht über 10,5 %)

Zusammensetzung des Gerstenkorns

- Kohlenhydrate insbes. Stärke   58 – 66 %
- nicht stärkehaltige Polysaccharide (Zellulose, Hemizellulose, Gummistoffe)   10 – 14 %
- Eiweiße (Proteine)   2,2 – 2,5 %
- Fette (Lipide)   2,2 – 2,5 %
- verschiedene Zucker (Saccharose, Raffinose, Maltose, Glukose, Fruktose)   1,6 – 2,5 %
- Gerbstoffe (Polyphenole)   0,1 – 0,3 %

Die Qualität der Gerste kann je nach Sorte, Klima, Standort, Bodentyp, Wetter, Fruchtfolge, Vegetationszeit und Düngung variieren und verschiedene Vermälzungseigenschaften zur Folge haben.

Mälzung

Die Inhaltsstoffe des Gerstenkorns werden beim Brauprozess in der Weise verändert und verflüssigt, dass daraus mit Hilfe von Hefe Alkohol und Kohlensäure entstehen. Zur alkoholischen Gärung benötigt die Hefe Zucker. Die Gerste enthält aber kaum vergärbaren Zucker, sondern besteht überwiegend aus zwei verschiedenen Kohlenhydraten (Amylose und Amylopektin), die durch den Verarbeitungsprozess in der Mälzerei in Zucker umgewandelt werden. Erst das Mälzen macht die Korninhaltsstoffe wasserlöslich und mobilisiert die für den Eiweißabbau und die Verzuckerung notwendigen Enzyme.

Die Keimung ankurbeln

Bei der Malzbereitung wird der natürliche Wachstumsvorgang des Gerstenkorns, nämlich die Umwandlung von Stärke und Eiweiß in lösliche Formen, künstlich beschleunigt. Dazu wird die Braugerste, sobald sie durch sachgemäße Lagerung ihre Keimruhe überwunden hat, zunächst gereinigt und dann durch Einweichen in Wasser (Quellen) zum Keimen gebracht. Während des Keimprozesses vergrößern sich die Körner und bilden mit Hilfe der im Mehlkörper gespeicherten Nährstoffe kleine Wurzelansätze.

Grünmalz

Beim Keimen bilden sich verschiedene Enzymgruppen in den Körnern (Amylasen, Proteinasen, Phosphatasen, Lipasen, Cytasen), die innerhalb bestimmter Temperaturbereiche die Inhaltsstoffe abbauen. So wird etwa die Stärke in Maltose, das Eiweiß in Aminosäuren umgewandelt, organische Phosphate und Fette werden abgebaut und die Zellwände aufgelöst.
Dieser Abbau ist nicht vollständig. Je nach gewünschter Malzsorte kann dieser Umwandlungsprozess unterschiedliche Stadien haben, man spricht daher von mehr oder weniger gelösten Malzen.

Darrmalz

Das so entstandene Grünmalz wird auf die Darre gebracht und bei langsam steigenden Temperaturen getrocknet. Dabei erfolgt eine Entwässerung des Malzes von 41 bis 50 Prozent auf 3,5 bis 4 Prozent bei hellem bzw. 1,5 bis 2 Prozent bei dunklem Malz. Einige Spezialmalze werden später auch geröstet. Durch das Darren werden die Keimung und die damit verbundenen enzymatischen

Erst durch das zugesetzte Wasser sind die Körner in der Lage zu quellen und ihre Stoffwechselvorgänge zu aktivieren.

Um Malz zu erzeugen, muss die Braugerste zunächst keimen.

Vorgänge unterbrochen, ohne dass dabei wichtige Enzyme zerstört werden. Nach dem Darren wird das Malz von den jetzt vertrockneten Wurzelkeimen befreit, da diese im späteren Bier einen bitteren Geschmack verursachen würden. Das Darrmalz ist nun ein wenig mürbe und nicht mehr so hart wie das ursprüngliche Korn. Es hat bereits einen süßlichen Geschmack, weil ein Teil der Stärke in Zucker umgewandelt wurde. Braufertig ist das Malz nach einer Lagerzeit von mindestens sechs Wochen, da erst nach dieser Zeit die Enzyme optimal arbeiten.

Braugerste ist die Gerstenart, die sich zum Malzen und Brauen am besten eignet.

Neben dem Gerstenmalz werden für einige Biersorten oder für Spezialbiere auch Malze aus anderen Getreidesorten verwendet. Diese werden jedoch nie ausschließlich eingesetzt, sondern immer nur in Verbindung mit Gerstenmalz.

Eigenschaften und Verwendung der Malzsorten

Die Malzarten unterscheiden sich insbesondere in der Farbe des Malzes, die von der Dauer des Darrprozesses und Höhe der Darrtemperatur (zwischen 82 und 230 °C) beeinflusst wird. In Europa erfolgt die Angabe der Malzfarbe in EBC-Einheiten (European Brewery Convention), wobei die hellsten Malze etwa 2 EBC haben, Farb- oder Röstmalz bis zu 1.600 EBC. Je höher die Darrtemperatur ist, umso mehr Enzyme werden dabei zerstört. Höher gedarrte Malze sind daher enzymarm oder sogar enzymlos. Karamellmalz wird darüber hinaus in einer Rösttrommel verzuckert (karamellisiert), wobei ebenfalls alle Enzyme abgetötet werden.

Als Hobbybrauer werden Sie sich Ihr Braumalz kaum selbst herstellen, da das Verfahren zu Hause zeitintensiv ist und vor allem Erfahrung erfordert. Schließlich sind Mälzereien heute hochspezialisierte Betriebe, die gleich bleibend gute, standardisierte Qualitäten liefern können. Besorgen Sie sich das Malz deshalb am besten im Hobbybrauer-Fachhandel. Empfohlen sei hier besonders Getreide bzw. Braumalz aus kontrolliert ökologischem Anbau.

Grundsätzlich ist zu beachten, dass nur helles Braumalz (Pilsener Malz und Wiener Malz) noch ausreichend Enzyme für den Stärkeabbau enthält. Jede Malzschüttung, auch für dunkle Biere, muss also zu mindestens 50 Prozent aus hellem Malz bestehen. Die maximalen Schüttungsanteile der Malzsorten können Sie der folgenden Übersicht entnehmen.

Eigenschaften und Verwendung der Malzsorten

Malzsorte	Einsatz	Farbe nach EBC	Zugabe/ Schüttungs- anteil	Wirkung, Verbesserung
Gerstenmalz hell (Pilsener Malz)	Basismalz für alle Biere	2,5 – 4	bis 100 %	herb, spritzig, hell
Gerstenmalz mittel (Wiener Malz)	Märzenbiere, Festbiere, Hausbräu- biere	5 – 8	bis 100 %	Farbe (gold bis rötlich) Vollmundigkeit
Gerstenmalz dunkel (Münchner Malz)	Dunkle Biere, Starkbiere	9,5 – 25	bis 85 %	Malzaroma, Farbe, Vollmundigkeit
Gersten- Karamellmalz hell	Helle Biere, Festbiere	20 – 30	10 – 40 %	Vollmundigkeit, Farbe, Schaum
Gersten- Karamellmalz dunkel	Dunkle Biere, Festbiere	80 – 150	5 – 10 %	Vollmundigkeit, Farbe, Malzaroma
Farb- und Röstmalz (verschiedene Sorten)	Dunkle Biere, Starkbiere, obergärige Biere	800 – 1600	1 – 10 %	Farbe, Aroma
Weizenmalz hell	Obergärige Biere	2 – 4	bis 70 %	Spritzigkeit, Weizenaroma
Weizenmalz dunkel	Obergärige Biere	15 – 17	bis 70 %	Spritzigkeit, Farbe, Weizenaroma

Die Spezialmalze dienen vor allem als Geschmackszutaten und werden für viele Biersorten zur Ver- stärkung von Voll- mundigkeit, Malz- aroma, Farbe und Schaum nur in klei- nen Mengen dem hellen Malz zugege- ben. Meistens wird mit einer Mischung von verschiedenen Malzsorten einge- maischt.

Andere Malze und Malzersatzstoffe

Neben dem Gerstenmalz findet für bestimmte obergärige Biere (Weizenbier, Altbier) besonders Weizenmalz Verwendung.

Für Weizenbier wird neben der Gerste hauptsächlich Weizen verwendet.

Weizenmalz

Als Braugetreide werden Winterweizensorten vorgezogen, weil diese eine geringere Anfälligkeit gegen Schädlinge haben und gegenüber dem Sommerweizen die günstigeren Mälzungsergebnisse liefern. Weizenmalz wird etwa nach den gleichen Richtlinien hergestellt wie das Gerstenmalz. Besonderheiten ergeben sich dabei wegen der dem Weizen fehlenden Spelzen (Getreidekornhülsen). Darüber hinaus enthält Weizenmalz einen höheren Anteil hochmolekularer Eiweißstoffe, was dem Schaum und der Vollmundigkeit des Bieres zugute kommt. Neben dem hellen Weizenmalz gibt es auch dunkles Weizenmalz, Weizenkaramellmalz und Weizenfarbmalz.

Spezialmalze

Zur Aromaverstärkung für einige obergärige Spezialbiere findet auch Malz aus Roggen, Dinkel und Emmer (bespelzte Weizen) Verwendung. Sie werden zur Betonung bestimmter Eigenschaften dem Gerstenmalz zugefügt.

Malzersatzstoffe

Bei ausländischen Bieren werden auch ungemälzte Getreide eingesetzt, um bestimmte Biereigenschaften hervorzuheben. Diese Ersatzstoffe entsprechen zwar nicht dem Reinheitsgebot, für den Hobbybrauer sind sie bei Spezialbieren aber dennoch äußerst interessant. Zu ihnen gehören vorverkleisterte, d. h. durch einen Koch- und anschließenden Trocknungsprozess bereits enzymaktivierte Flocken aus:
- Gerste, um Vollmundigkeit und Schaumhaltigkeit zu verbessern;
- Hafer, um Vollmundigkeit zu verbessern, dem Bier einen cremigen Schaum und ein nussiges Aroma zu verleihen;

- Mais, um sehr helle und trübungs-arme Biere mit amerikanischer Note herzustellen;
- Reis, um sehr hellen Bieren eine spritzigere Note und einen trockenen Charakter zu verleihen.

Malzextrakte

Vom Fachhandel werden auch Malz-extrakte angeboten, die bis zur Wür-zekochung genauso hergestellt wer-den wie ein normales Bier. Nach dem Kochen wird der Würze unter Vakuum Wasser entzogen, und es entsteht ein sirupartiger Extrakt. Dieser muss dann nur noch mit Wasser und Hop-fen gekocht, abgekühlt und mit Hefe vermischt werden. Darüber hinaus gibt es bereits fertig gehopfte Malz-extrakte für verschiedene Biersorten, so genannte »Fertig-Sets«, die man nur noch mit Wasser und Hefe vermi-schen muss.

Es ist zwar möglich, ein Bier aus-schließlich aus Extrakten herzustel-len; aber ein solches »Instantbier« kann kaum die geschmacklichen Qua-litäten eines aus Kornmalz und in handwerklichem Brauverfahren her-gestellten echten Vollmaischebieres erreichen, weil viele Aromastoffe bei der Herstellung der Extrakte verloren gehen. Allerdings schmeckt es häufig immer noch besser als ein genormtes Industriebier, besonders wenn man mit einer Mischung aus Kornmalz und Extrakt – zur Erhöhung des Stamm-würzegehalts – arbeitet. Insgesamt ist man beim Extraktbier bezüglich der Inhaltsstoffe jedoch an die Vor-gaben des Herstellers gebunden und hat wenig Einfluss auf die Biereigen-schaften. Malzextrakte werden vom Hobbybrauer-Fachhandel angeboten und sind lange haltbar.

Hopfen

Die Hopfenpflanze gehört zur Familie der Hanfgewächse und kann mit ihrer ausdauernden Wurzel bis zu 50 Jahre alt werden. Die kletternden, über sechs Meter langen, rechtswin-denden Ranken sterben alljähr-lich ab und wachsen im Frühjahr wie-der neu heran. Nur die weiblichen Pflanzen besitzen die traubenförmig gebauten Blütenstände mit ihren an der Innenseite rötlich gelb gefärbten Drüsen, die Hopfenbitterstoffe (Lupulin, Humulon) enthalten.

Weltweit bauen heute etwa 35 Län-der Hopfen an. Deutschland ist mit 22.000 Hektar Anbaufläche der größte Hopfenpro-duzent, gefolgt von den USA (18.000 Hektar) und China (7.000 Hektar).

Zum Bierbrauen kommen nur die weiblichen Hopfendolden zum Einsatz.

Die Wirkung des Hopfens

Der Hopfen verleiht dem Bier sowohl seine herbwürzige Bitterkeit als auch seine relativ lange Haltbarkeit durch die in den Hopfendolden enthaltenen antibiotischen Bestandteile. Sie hemmen das Wachstum bestimmter Bakterien, weshalb das Lupulin auch in der Medizin Anwendung findet. Außerdem trägt der Hopfen, gemeinsam mit dem Eiweiß der Gerste, zur Festigkeit der Schaumkrone des Bieres bei. Seine Gerbstoffe sorgen darüber hinaus zusammen mit den Gerbstoffen des Malzes für eine bessere Klärung und dauerhaftere Konservierung des Bieres, weil sie das Eiweiß aus der Bierwürze besonders gut ausfällen sowie den in der Flasche vorkommenden, nicht erwünschten Restsauerstoff aufzehren.

Hopfenanbau

Das größte Hopfenanbaugebiet der Welt mit 19.000 Hektar Fläche liegt in der Hallertau bei Ingolstadt. Weitere Anbaugebiete in Deutschland befinden sich in Spalt, Hersbruck, Kinding (Bayern), Tettnang, Rottenburg, Schwetzingen (Baden-Württemberg) sowie in Sachsen, Sachsen-Anhalt und Thüringen.

Hoher Pestizideinsatz trotz Reinheitsgebot

Der Hopfen wird als Monokultur, im konventionellen Anbau unter hohem Einsatz von Agrarchemikalien erzeugt. Der Pestizideinsatz übersteigt den jeder anderen Kulturpflanze. In Deutschland werden pro Hektar für über 1.300 DM chemisch-synthetische Pflanzenschutzmittel eingesetzt, mehr als beim intensiven Obstbau (660 DM) oder im Weinbau (560 DM). Die schädlingsanfällige Sonderkultur Hopfen wurde noch vor wenigen Jahren bis zu 35-mal im Jahr gegen pflanzliche und tierische Schädlinge gespritzt. Dabei wurden durchschnittlich 28 Kilogramm Pestizide pro Hektar eingesetzt (bei einer Hopfenanbaufläche von 22.000 Hektar entspricht das 600.000 Kilogramm Pestizide im Gesamtwert von ca. 30 Mio. DM Jahr für Jahr!).

Viele Zahlen verdeutlichen, dass das besondere Rückstandsfreiheit suggerierende Reinheitsgebot des deutschen Bieres, beispielsweise durch die deutsche Zulassungs- und Einsatzpraxis von Pestiziden, zunehmend ausgehebelt wird.

Kritische Betrachtung

Einige dieser Pestizide, deren giftige Abbauprodukte vor wenigen Jahren noch im Bier nachzuweisen waren, sind zwar heute verboten. Aber an ihre Stelle sind andere Wirkstoffe getreten, die »nur« noch fünfmal jährlich gespritzt werden müssen. Besonders Verbindungen wie die Dithiocarbamate, deren schädliche Wirkungen auf den Hormonhaushalt des Menschen als bekannt gelten, gefährden bereits im Niedrigdosisbereich die embryonale Entwicklung. Diese Substanzen werden für Missbildungen und Krebserkrankungen der Geschlechtsorgane verantwortlich gemacht.

Mangelhafte gesetzliche Regelungen

Die Rückstandsmengen für Pestizide im Bier unterliegen einer nur unzureichenden gesetzlichen Reglementierung. So existieren zugelassene Höchstmengen nach der Rückstandsmengen-Verordnung (RHmV) zwar für Hopfen, messtechnische Untersuchungen für Transferfaktoren von Pestiziden vom Hopfen ins Bier liegen jedoch nicht vor. Danach ist aber

Derzeit gibt es in Deutschland 30 zugelassene Pestizide mit fast ebenso vielen Wirkstoffen, die für die Anwendung im Hopfen ausgewiesen sind. Bei acht dieser Wirkstoffe wurden im Tierversuch Veränderungen im Hormonhaushalt festgestellt.

In der Hallertau bei Ingolstadt befindet sich das größte Hopfenanbaugebiet der Welt.

Die Bioland-Richtlinien für den Pflanzenbau sind sehr streng und schreiben selbst entsprechende Abstände von konventionellen Hopfengärten vor, um mögliche Einträge von Pflanzenschutzmitteln aus der Nachbarschaft zu verhindern.

eine Konzentration von immerhin 0,2 mg/l des Fungizids Vinclozolin je Liter Bier zulässig (40 mg/kg Hopfen erlaubt die RHmV). Dithianon ist trotz seiner nachweislich hohen Toxizität mit 0,5 mg/l Bier zugelassen (100 mg/kg Hopfen nach RHmV) und Kupferoxychlorid gar mit 4,5 mg/l Bier (1.000 mg/kg Hopfen nach RHmV). Für die als vergleichbar geltende Trinkwasserverordnung sind dies undenkbar hohe Pestizidwerte – hier gilt für einen einzelnen Wirkstoff ein Grenzwert von maximal 0,0001 mg/l! Beim ökologisch angebauten Hopfen wird Ihnen eine Rückstandsfreiheit hinsichtlich der Pestizide garantiert, denn deren Anwendung ist verboten. Hier kommen nur umweltschonende und natürliche Pflanzenschutzpräparate zum Einsatz, z.B. Gesteins- und Algenmehl, Wasserglas, Brennnessel- und Schachtelhalmbrühe, Molkepulver, Bitterholz und Raubmilben als Nützlinge.

Das ewige Problemkind Nitrat

Bei der intensiven Düngung des Hopfens spielt besonders der Nitratgehalt eine Rolle, weil Hopfen wie viele andere Gemüsearten auch in der Lage ist, Nitrat als Nährstoff zu speichern. Konventionell angebauter Hopfen weist Nitratwerte zwischen 3.000 und 12.000 mg/kg auf. Er bringt bei einer durchschnittlich dem Bier zugesetzten Menge von 450 Gramm für 100 Liter Bier bereits 22 bis 56 mg/l Nitrat in das Bier ein. Das Katalyse-Institut für angewandte Umweltforschung in Köln berichtete im Jahre 1995 ebenfalls von Bieren mit 60 Milligramm Nitrat pro Liter Bier. Anders dagegen sieht die Nitratbelastung bei ökologisch angebautem Hopfen aus. Bioland-Hopfen darf nur mit höchstens 70 Kilogramm Stickstoff pro Hektar und Jahr gedüngt werden. Für die Nährstoffversorgung ist kein Kunstdünger zugelassen. Durch zurückhaltende Düngung konnten hier die Nitratrückstände auf deutlich unter 2.000 mg/kg gesenkt werden. Ein zu hoher Nitratgehalt führt beim Bierbrauen bereits ab 20 Milligramm Nitrat je Liter Bier zu schweren Störungen bei der Gärung, da die Bierhefe Nitrat zu dem Hefegift Nitrit reduziert. Für Hobbybrauer ein Grund mehr also, Hopfen aus kontrolliert ökologischem Anbau zu verwenden.

Verarbeitung und Handelsformen

Sobald die Blüten des unbefruchteten weiblichen Hopfens im August und September Dolden bilden, werden sie geerntet und auf Hopfendarren bei 65 °C, Bioland-Hopfen bei maximal 55 °C getrocknet. Hopfen wird in Kühlräumen bei Temperaturen zwischen 0 °C und 10 °C gelagert. Konventionell angebauter Hopfen wird meist durch Zugabe von Schwefel konserviert. Nicht selten werden über 1 Kilogramm Schwefel je Doppelzentner eingesetzt.

Als Naturhopfen in der ursprünglichen Doldenform wird nur ein kleiner Teil vermarktet. Einige Hobbybrauer schätzen diesen Doldenhopfen wegen seiner originären Aromabestandteile. Der größte Teil der Hopfenernte wird heute zu Presstabletten (Pellets) oder Extrakt verarbeitet. Bei der Herstellung von Pellets werden die als Hopfenmehl bezeichneten Lupulinkörnchen ausgedroschen, zu Pulver vermahlen und zu Pellets gepresst. Da vor der Verarbeitung zu Pellets der Hopfen nachgetrocknet sowie Stängel und Blätter entfernt werden, erhält man eine

Ausbeute von 90 bis 96 Prozent des ursprünglichen Gewichts. Diese Pellets werden als Typ 90 bezeichnet. Auch werden konzentrierte Hopfenpellets vom Typ 45 angeboten. Diesem Hopfen werden durch mechanische Trennverfahren weitere bitterstofffreie Doldenblattanteile entzogen und damit der Lupulinanteil erhöht. Diese angereicherten 45er Pellets besitzen doppelt so viel Alphasäure und ätherische Öle, aber nur etwa die Hälfte an Pestizidrückständen, Schwermetallen (die Hopfen aus dem ökologischen Anbau nicht enthält) und Nitraten.

Im August und September werden die reifen Hopfendolden geerntet.

Bitterstoffe in konzentrierter Form

Hopfenextrakte werden durch Auslaugung des Hopfens unter hohem Druck mit Hilfe von Lösungsmitteln hergestellt, wobei die Bitterstoffe auf das etwa Fünffache angereichert werden. Inzwischen werden bereits isomerisierte Hopfenextrakte angeboten

Weil Schwefel als gesundheitlich bedenklicher Stoff gilt, darf er bei ökologisch angebautem Hopfen nicht zur Konservierung verwendet werden.

In der Backstube gärte die Bierwürze früher am besten. Die überall in der Luft vorhandenen Hefezellen machten dies möglich.

(Iso-Hopfen), in denen die Alphasäure bereits in gelöster Form vorliegt. Dieser Hopfen muss also nicht mehr gekocht werden und findet bei Hausbrauern überwiegend beim Brauen mit Malzextrakten Verwendung. Iso-Hopfen bringt allerdings ausschließlich Bittere ins Bier, weshalb zusätz-

Die Verwendung von Iso-Hopfen (isomerisierte Hopfenextrakte) beim Bierbrauen entspricht nicht dem deutschen Reinheitsgebot.

lich noch in Alkohol gelöstes Hopfenöl zugegeben werden muss, um überhaupt ein feines Hopfenaroma zu erzielen.

Die meisten Hobbybrauer verwenden Hopfenpellets, weil diese am einfachsten zu dosieren sind. Der Hopfenvorrat sollte zu Hause tiefgekühlt, dunkel, trocken und unter Luftabschluss gelagert werden, damit die

Bitterstoffe und Hopfenöle nicht altern oder oxidieren und damit ihre Aroma- bzw. Bitterkraft einbüßen.

Hefe

Für den Bierbrauer ist die Wirkungsweise der Hefe erst seit Erfindung der Mikroskopie bekannt. Vorher war es mehr oder weniger ein Zufall, ob und wann die Bierwürze zu gären begann. Den Bäckern gelang die Vergärung der Würze meist noch am besten, weil die Hefezellen in jeder Backstube vorhanden waren und über die Luft auf das Bier übertragen wurden. Was aber die damaligen Brauer nicht wussten, war, dass ihr Bier beim Abkühlen die in der Luft schwebenden Hefen an sich zog, und nicht selten entstand eine wilde Gärung.

Dem dänischen Chemiker und Botaniker Emil Christian Hansen gelang es 1881 bei seinen Experimenten mit verschiedenen Bierhefen als Erstem, einzelne Hefezellen zu isolieren und eine Reinkulturhefe zu vermehren. Für die Bierherstellung wurden seitdem spezielle, dem jeweiligen Biertyp entsprechende Hefestämme mit identischen Eigenschaften entwickelt. Diese so genannten Reinzuchthefen, die frei von Begleitorganismen gezüchtet werden, garantieren seitdem den Brauerfolg.

Die Wirkung der Hefe

Bei der Hefe handelt es sich um mikroskopisch kleine einzellige Organismen aus der Gruppe der Sprosspilze, die überall in der Luft vorkommen. Die von den Hefezellen gebildeten Enzyme bewirken, dass bei der Gärung des Bieres vergärbarer Malzzucker als Stoffwechselprodukt zu etwa gleichen Teilen in Alkohol und Kohlensäure umgewandelt wird. Während der Gärung wird jedoch nicht nur Alkohol und Kohlensäure gebildet, sondern auch eine Vielzahl anderer Aromakomponenten. Weil der sortenreine Charakter des gewünschten Biertyps hinsichtlich Geschmack, Geruch, Vollmundigkeit, Bittere und Schaum sehr vom jeweils verwendeten Hefestamm abhängt, achten viele Brauereien darauf, durch eigene Reinzüchtungen genetisch identische Hefestämme zu erhalten, die während der Gärung immer gleich reagieren.

Obergärige und untergärige Hefe

Je nach ihrem Gärverhalten wird die Bierhefe in obergärige und untergärige Hefestämme unterteilt – international Ale- bzw. Lagerhefen genannt. Obergärige Hefezellen bleiben nach der Zellteilung aneinander hängen und bilden Sprossverbände. Mit ihrer relativ großen Oberfläche werden diese durch die Kohlensäure an die Oberfläche getrieben, auf der sie eine dicke Schaumkrone (Kräusen) bilden, wodurch das Bier während der Gärung geschützt ist. Obergärige Hefen arbeiten bei Temperaturen von 15 bis 25 °C und erlauben wegen der hohen Temperatur eine etwas kürzere Gärphase.

Untergärige Bierhefe wird bei Temperaturen von 4 bis 14 °C aktiv, neuere untergärige Trockenhefen arbeiten allerdings auch bei Zimmertemperatur. Untergärige Hefe bildet keine Sprossverbände und setzt sich während der Gärung am Boden ab. Sie vergärt wegen der niedrigen Temperatur langsamer und bildet eine dün-

info

Gärtemperatur von Flüssighefe:
- obergärige Hefe (Ale):   15 bis 25 °C
- untergärige Hefe (Lager): 4 bis 14 °C

Zu den bekanntesten obergärigen Bieren gehören Altbier, Kölsch und Weizenbier. Die wichtigsten untergärigen Biersorten sind Pils, Export, Lager, Bockbier und Märzen.

Während der Gärung entstehen zu etwa gleichen Teilen Alkohol und Kohlensäure.

Obergärige Hefe bringt fruchtige, aromatische und spritzige Biere hervor. Untergärige Hefe produziert weiche, milde und lieblich aromatische Biere.

nere Schaumkrone als obergärige Hefen. Untergäriges Bier kann wegen der niedrigen Gär- und Lagertemperaturen mehr Kohlensäure binden und schmeckt deshalb etwas frischer und ist länger haltbar als obergäriges Bier.

Bierhefe und Gentechnik

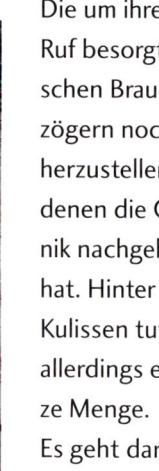

Die um ihren guten Ruf besorgten deutschen Brauereien zögern noch, Biere herzustellen, bei denen die Gentechnik nachgeholfen hat. Hinter den Kulissen tut sich allerdings eine ganze Menge.

Es geht darum, den großen Brauereien für eine industriell angepasste Produktion von Bier Zeit und Kosten zu sparen. In Firmenprospekten der Genindustrie ist die Rede von »besserer Kontrolle des Brauverfahrens«, »größere Freiheit bei der Wahl von Rohstoffen« und »Anpassung der produzierten Mikroorganismen an die Prozessbedingungen«.

Da wird die passend manipulierte

Brauhefe ebenso angeboten wie entsprechende Spezialenzyme, die von gentechnisch veränderten Bakterien stammen.

Laut Reinheitsgebot ist Hefe gleich Hefe

Der Eingriff in das Erbgut der Brauhefe hat für die deutschen Brauereien einen großen Vorteil, weil er dem so spektakulär verteidigten und scheinbar über jeden Verdacht erhabenen Reinheitsgebot nicht widerspricht. Nach dem Reinheitsgebot ist Hefe eben Hefe, egal über welche Gene die jeweilige Hefe verfügt, woher sie stammen und wie sie in die Zelle der Hefe gelangen. Das Reinheitsgebot lässt gezüchtete Industriehefen zu, die genetisch identisch vervielfältigt (kloniert), bei der verschiedene Stämme künstlich verschmolzen (fusioniert) oder eben gentechnisch optimiert werden. Bei diesen Manipulationen werden einzelne Gene mit bestimmten Eigenschaften aus anderen Hefearten, Bakterien oder Pflanzen isoliert und in das Erbgut der Brauhefe eingebaut. Diese Hefe soll dann über neue, praktischere Eigenschaften verfügen und etwas können, was natürliche Reinzucht-Brauhefen bisher nicht konnten. Als praxisreif gelten genmanipulierte Hefen, die

- in einem Bruchteil der Zeit von herkömmlicher Bierhefe das Bier vergären,
- Gifte gegen Fremdhefen, Bakterien oder andere Bierschädlinge bilden,
- Geschmacks- und Schaumstabilität erhöhen,
- die Bildung unerwünschter Aromastoffe (z. B. Diacetyl) während der Hauptgärung vermeiden und damit die zeitaufwändige Nachgärung und Reifung überflüssig machen,
- durch Hemmung des Sulfitabbaus das Bier besonders lange lagerfähig machen,
- für kalorien- oder alkoholreduzierte Biere den Zucker nicht zu Alkohol, sondern zu anderen Abbauprodukten vergärt und damit die aufwändige Alkoholreduzierung mittels physikalischer Verfahren einsparen,
- unlösliche Inhaltsstoffe aus der Zellwand des Gerstenmalzes, die bisher kostenintensiv abgefiltert werden müssen, vollständig abbauen.

Die Genforscher widmen sich auch dem Braurohstoff Gerste, um sie den Ansprüchen der Brauindustrie anzupassen. So wurde ein Gen identifiziert, das die Gerbsäureproduktion beim Getreide unterdrückt und damit das gebraute Bier klarer wird. Es laufen auch Versuche, bei der die genveränderte Gerste ein bestimmtes Enzym produzieren soll, das die Zellwandreste verdaut und somit beim Brauen die Filter der Anlage nicht mehr verstopfen kann.

Der Vorteil dieser Gengerste besteht darin, dass für einen optimalen Brauprozess nicht extra Enzyme zugesetzt werden müssen. Denn die Zugabe von Brauereienzymen, die mit Hilfe von genmanipulierten Mikroorganismen hergestellt werden, ist derzeit noch, anders als bei genmanipulierter Hefe, mit dem Reinheitsgebot nicht vereinbar.

Wenn diese Enzyme aber mit dem Ausgangsrohstoff Gerste gleich mitgeliefert werden, so ist es auch möglich, das Reinheitsgebot zu umgehen. Die Zugabe dieser praktischen Enzyme entfällt, denn Hefe ist Hefe und

info

Diacetyl (2, 3-Butandion): Gärungsnebenprodukt der Bierhefe, sog. Jungbukettstoff, der bei Überschreiten eines Schwellenwertes einen unreinen, süßlichen Geruch im Bier hervorruft.

Ob Hefe-Gen-Puzzle, Enzym-Cocktail oder Gentech-Gerste, »dank« der Gentechnologie kann damit unser Gerstensaft ein demnächst wohl antiquiertes Synonym für Bier werden, wenn der Gesetzgeber den Einsatz gentechnischer Methoden nicht bald untersagt.

Gerste ist eben Gerste – unabhängig davon, ob sie artfremde Gene enthält oder nicht.

Handelsformen der Bierhefe

Bierhefe wird als Trockenhefe und als Flüssighefe angeboten. Trockenhefe, der in einem Trocknungsprozess die Flüssigkeit entzogen wurde, ist in der ungeöffneten Originalverpackung, im Kühlschrank gelagert, lange haltbar. Da diverse Hefestämme für bestimmte Biersorten den Trocknungsprozess nicht vertragen, ist die Auswahl an Trockenhefe in der Regel auf zwei Allroundhefen für ober- und untergärige Biere beschränkt. Inzwischen gibt es auch untergärige Trockenhefen, die bei Zimmertemperatur vergären.

Spezielle Flüssighefen

Es gibt Flüssighefen, die als qualitativ hochwertige Reinzuchthefen in Brauereiqualität und speziell für bestimmte Biersorten gezüchtet wurden (z. B. der Firma WYEAST). Diese Reinkulturen sind für über ein Dutzend verschiedener Biersorten im Handel und werden von Hobbybrauern zunehmend bevorzugt, weil sie die typi-

Die Lagerzeit der geernteten Hefe bis zum nächsten Einsatz sollte nicht mehr als zehn Tage betragen, weil die Hefezellen ansonsten inaktiv werden oder sich unerwünschte Mikroorganismen bilden können.

schen Gär- und Aromaeigenschaften des jeweiligen Biertyps am besten umsetzen können. Diese Hefe wird in luftdicht verschweißten Päckchen zu 50 Milliliter angeboten und ist im Kühlschrank mindestens ein halbes Jahr lagerfähig. Diese Hefen sind auch deshalb empfehlenswert, weil sie sich für mehrere Gärführungen leicht ernten oder für größere Sude ideal vermehren lassen.

Hefeernte und -vermehrung

Es ist nicht notwendig, für jeden Brautermin neue Hefe zu kaufen, da sich die während der Hauptgärung reichlich vermehrten Hefezellen für eine Wiederverwendung leicht ernten lassen. Allerdings ist eine Wiederverwendung von Reinkulturhefen nur für maximal drei Gärführungen ratsam, weil es sonst zu Mutationen kommen kann, die das Bier geschmacklich beeinträchtigen.

Hefe ernten

Geerntet wird die Hefe unter sterilen Bedingungen. Untergärige Hefe schöpfen Sie nach dem Schlauchen vom oberen Teil des im Gärgefäß noch befindlichen Bodensatzes ab.

Obergärige Hefe wird kurz vor dem Abschluss der Hauptgärung von der Oberfläche des Jungbieres geerntet. Die geerntete Hefe wird in sterile Gläser gefüllt, verschlossen und im Kühlschrank gelagert.

Starterkulturen ansetzen

Wenn Sie die Hefegabe für einen größeren Biersud erhöhen möchten, können Sie die Hefe leicht vermehren. Für die Herstellung dieser so genannten Starterkultur lösen Sie 40 Gramm Malzextraktpulver oder Flüssigmalzextrakt in 0,5 Liter heißem Wasser und lassen die Lösung ca. 15 Minuten kochen. Lassen Sie die jetzt keimfreie Würze abgedeckt auf ca. 25 °C abkühlen. Anschließend geben Sie die Flüssighefe aus dem Beutel dazu und füllen diese Starterkultur in eine sterile Flasche (1 Liter Inhalt), die dann locker abgedeckt wird. Zum Belüften der Kultur sollte die Flasche mehrmals kräftig geschüttelt werden. Nach 12 bis 24 Stunden, je nach Hefeart, hat sich oben eine dicke Schaumkrone gebildet, und die Starterkultur kann der Anstellwürze zugegeben werden.

Normaler Haushaltszucker ist für die Hefevermehrung übrigens ungeeignet, da er keine essenziellen Hefenährstoffe (Aminosäuren) enthält.

Mittels Malzextrakt, Wasser und Flüssighefe lässt sich Hefe vermehren. Die Schaumkrone zeigt an, dass die Starterkultur fertig ist.

Brauwasser

Selbstverständlich muss Brauwasser hygienisch völlig in Ordnung, klar, farb- und geruchlos und ebenso geschmacklich einwandfrei sein. Es soll darüber hinaus nicht hart und frei von bierschädigenden Bestandteilen sein. Die Brauereien verfügen entweder über eigenes Brunnenwasser, das diese Anforderungen erfüllt, oder sie bereiten das Wasser in speziellen Anlagen auf. Dabei werden mit Hilfe von Ionenaustauschern, Aktivkohlefiltern und chemischen Aufbereitungsmethoden (Ozonoxidation, Chlorierung mit Hypochlorid oder Chlordioxid) unerwünschte Bestandteile wie Eisen, Mangan, Nitrat, Schwermetalle sowie verschiedene Salze entfernt oder das Wasser mit UV-Bestrahlung entkeimt.

Zum Teil handelt es sich dabei um Wasseraufbereitungsverfahren, die entweder umweltbelastend sind oder wegen der möglichen Freisetzung gesundheitsschädlicher Spaltprodukte wie Chlor- und Halogenkohlenwasserstoffe umstritten sind und deshalb nach den Bioland-Braurichtlinien verboten sind. Die Bioland-Vertragsbrauereien dürfen das Brauwasser mit PVC-freien Filtermembranen entkeimen, Eisen und Mangan durch Belüftung vermindern oder durch Umkehrosmose aufbereiten.

Reines Wasser ist wichtig: Viele Brauereien verwenden eigenes Brunnenwasser.

Die Wasserqualität

Als Hobbybrauer sind Sie zu Hause auf das normale Trinkwasser angewiesen. Um die Eignung des Wassers für das Bierbrauen zu überprüfen, sollten Sie sich beim Wasserwerk die wichtigsten Wasseranalysewerte besorgen. Ein Vergleich des eigenen Wassers mit der folgenden Übersicht wird zeigen, ob Ihr Wasser zum Bierbrauen geeignet ist. Die wichtigsten Parameter des Trinkwassers, nämlich die Härte, den pH-Wert sowie den Nitratgehalt, können Sie direkt mit einfach zu handhabenden Teststreifen nachmessen. Die Teststreifen sind im Hobbybrauer-Fachhandel erhältlich.

Grenzwerte für Brauwasser

	Brauwasser sollte folgende Werte einhalten	Grenzwerte für Trink- wasser laut Verordnung von 1990
Gesamthärte	< 10 °dH	–
Karbonathärte	< 1/3 der Nichtkarbonathärte	–
pH-Wert	5,5 bis max. 7,0	6,5 bis 9,5
Nitrat (NO_3)	< 20 mg/l	50 mg/l

Abkürzungen: dH = deutsche Härtegrade, mg/l = Milligramm pro Liter, < = kleiner als

Hydrogenkarbonate (Bikarbonat): Salze der Kohlensäure. Doppelkohlensaures Salz mit Säurewasserstoffrest.

Wasserhärte und Alkalität

Die Härte des Wassers wird im Wesentlichen durch dessen Herkunft bestimmt. Oberflächengewässer, deren Ursprung im Regenwasser liegt, sind im Allgemeinen weicher als Wasser aus tiefen Brunnen oder Gebirgsquellen, die ständigen Kontakt mit unterirdischem Gestein oder Erdschichten haben und dadurch mit Karbonaten angereichert werden. Karbonate sind an Kohlensäure gebundene Kalzium-, Natrium- und Magnesiumsalze. Die Härte des Wassers ist bedingt durch seinen Gehalt an Salzen, hauptsächlich des Kalziums (Ca) und des Magnesiums (Mg). Die Summe der Ca- und Mg-Verbindungen ergibt die Gesamthärte des Wassers. Die Gesamthärte teilt sich auf in Karbonathärte und Nichtkarbonathärte.

Karbonathärte

Die Karbonathärte wird aus den Anteilen des Kalzium- ($CaCO_3$) und Magnesiumkarbonats ($MgCO_3$) gebildet, die sich an Kohlensäure (H_2CO_3) binden und im Wasser als Hydrogenkarbonate (HCO_3) vorliegen. Sie bleiben nur dann in Lösung, wenn das Wasser eine bestimmte Menge Kohlensäure enthält, da zu

Mit Teststreifen können Sie die Härte, den pH-Wert und den Nitratgehalt des Trinkwassers messen.

Der pH-Wert drückt aus, ob ein Wasser neutral, sauer oder basisch (= alkalisch) ist. Ein pH-Wert von 7 ist neutral, ein pH-Wert zwischen 1 und 7 gilt als sauer, und zwischen 7 und 14 wird er als alkalisch eingestuft.

Die Qualität des Brauwassers muss überprüft werden.

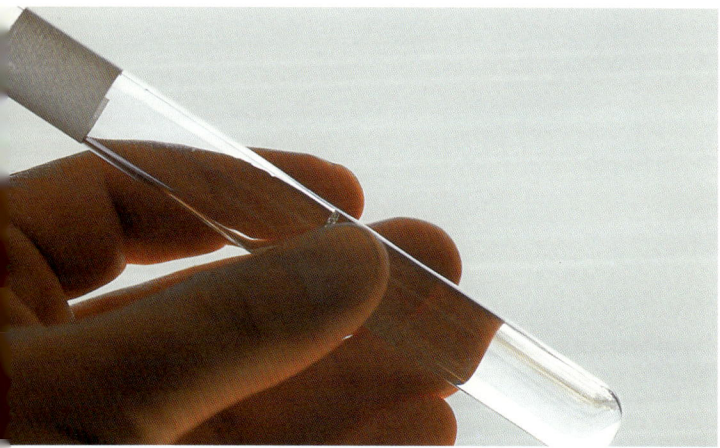

jeder Menge an gelöstem Hydrogenkarbonat eine bestimmte Menge »Gleichgewichtskohlensäure« gehört. Wird diese Kohlensäure dem Wasser entzogen, zerfällt so viel Kalziumhydrogenkarbonat in wasserunlösliches Kalziumkarbonat und Kohlendioxid (CO_2), dass die Restmenge an in Lösung bleibendem Hydrogenkarbonat sich wieder im Gleichgewicht mit der Kohlensäure im Wasser befindet. Die Karbonathärte verliert also durch längeres Erhitzen des Wassers ihre Eigenschaft, den Kalk in gelöster Form zu behalten. Durch Entweichen der freien Kohlensäure zerfallen die Bikarbonate und flocken als unlösliches Kalziumkarbonat aus, das sich im Kochgefäß absetzt.

Nichtkarbonathärte

Bei der Nichtkarbonathärte handelt es sich um die nach dem Kochen in Lösung verbleibenden und an andere Säuren (wie Salz-, Schwefel- und Salpetersäure) gebundenen mineralsauren Salze, wie beispielsweise Sulfat, Chlorid, Nitrat, Phosphat und Silicat.

Verhältnis von Wasserhärte und Alkalität

Die zahlenmäßige Festlegung der Wasserhärte geschieht meistens in »Grad deutscher Härte« (°dH). Häufig wird auch die Konzentration der Kalzium- und Magnesiumsalze in Millimol Kalzium pro Liter (mmol/l Ca) bestimmt.

Kalk ist in der Lage, Säure zu binden, so dass der Kalkgehalt stets auch als Säurekapazität oder Säurebindungsvermögen (SBV) ausgedrückt werden kann, was wiederum einer vereinfachten Karbonathärtebestimmung entspricht.

Zum Umrechnen gilt:

1 ° Karbonathärte : 2,8 = Säurebindungsvermögen (SBV) oder Alkalität.

Säurebindungsvermögen oder Alkalität x 2,8 = 1 ° Karbonathärte.

Je höher der SBV-Wert (die Gesamt-

Härtebereich des Wassers

Härtebereich	Beurteilung	Gesamthärte in °dH	Gesamthärte in mmol/l Ca
1	sehr weich	0 bis 4	0 bis 0,7
2	weich	4 bis 8	0,7 bis 1,4
3	mittelhart	8 bis 12	1,4 bis 2,2
4	ziemlich hart	12 bis 18	2,2 bis 3,2
5	hart	18 bis 30	3,2 bis 5,4
6	sehr hart	über 30	über 5,4

alkalität), je höher also der Gehalt an gelöstem Kalk, desto stabiler wird der pH-Wert, und desto besser ist er gegen Schwankungen gepuffert. Das liegt nicht nur daran, dass Kalk Säuren bindet und damit ein Absinken des pH-Werts vermieden wird, sondern Kalk kann auch einen Anstieg des pH-Werts verhindern. Da jedoch bei der Erhitzung des Wassers nicht nur eine Enthärtung eintritt, sondern auch die freie Kohlensäure entweicht, wird das Säurebindungsvermögen herabgesetzt. Dies führt zu einer pH-Wert-Erhöhung des erhitzten Wassers, die ausgeglichen werden muss.

Auswirkungen von Wasserhärte und Alkalität auf den Brauprozess

Die Salze haben großen Einfluss auf die Qualität des Bieres, da sie sich beim Erhitzen negativ auf Maische und Bierwürze auswirken können. Durch eine pH-Erhöhung verändern sie den Säuregrad (die Acidität) der Würze. Die säurevernichtende Wirkung der Karbonathärte des Brauwassers beruht darauf, dass vom Hydrogenkarbonat säurebildende Wasserstoffionen verbraucht werden. Die dadurch verursachte Alkalität kann folgende Auswirkungen auf Brauprozess, Zusammensetzung des

Ein zu hoher Anteil an Karbonathärte wirkt sich besonders bei hellen Bieren nachteilig auf den Geschmack aus. Biere, die aus weniger sauren, also alkalischen Karbonatwässern gebraut werden, enthalten deshalb auch weniger Hopfen.

Bieres und Bierqualität haben:

- Beim Maischen erfolgt eine ungünstige Beeinflussung der enzymatischen Vorgänge. Dies gilt sowohl für die proteolytischen Enzyme beim Eiweißabbau, deren Wirkungsoptimum bei einem pH-Wert von 5,2 liegt, als auch für die Umwandlung der Stärke in Malzzucker, weil das Wirkungsoptimum der Beta-Amylase (pH 5,5) nicht erreicht wird. Dies führt zur Extraktverminderung und geringerem Vergärungsgrad.

- Beim Kochen der Würze erfolgt eine verstärkte Lösung der Hopfenbitterstoffe, was zu geschmacklichen Fehlern wie einer kratzig nachhängenden Bittere im Bier führt. Aber auch die Intensität der Eiweißausscheidung (Bruchbildung) wird beeinträchtigt, je weiter sich der pH-Wert vom Wirkungsoptimum (pH 5,2) entfernt.

- Während der Gärung ist eine mangelhafte Bruchbildung der Hefe sowie ein langsamer Gärverlauf mit niedrigerem Endvergärungsgrad zu beobachten.

Braugips, erhältlich im Hobbybrauer-Fachhandel, wird einfach in das Wasser eingerührt (maximal 3 Gramm Braugips je 10 Liter Wasser), bis er sich auflöst.

info

Die Restalkalität wird vereinfacht nach folgender Formel errechnet:

Restalkalität (°dH) = Karbonathärte – (Gesamthärte : 4)

Restalkalität

Die Restalkalität charakterisiert das Brauwasser hinsichtlich seiner Einflüsse auf den ph-Wert der Biermaische und ist damit eine sehr wichtige Kennzahl. Sie beschreibt, was von der säurevernichtenden Wirkung der Karbonate übrig bleibt, wenn die Härtebildner in der Maische reagiert haben. Für helle Biere ist eine Restalkalität von 0 bis 5 °dH anzustreben, dunklere Biere vertragen bis zu 10 °dH.

Wasseraufbereitung

Für den Hobbybrauer ist die Enthärtung des Wassers durch Abkochen (etwa 30 Minuten) die einfachste Möglichkeit. Sie erreichen damit eine Verringerung der Wasserhärte um etwa 5 °dH.

Die Zugabe von Braugips ($CaSO_4$) zu dem enthärteten Wasser ist vorteilhaft, weil der pH-Wert gesenkt und die aciditätsvernichtende Eigenschaft der Hydrogenkarbonate teilweise ausgeglichen wird. Dieses Aufsalzen ist grundsätzlich auch für weiches, nicht enthärtetes Wasser unter 10 °dH zu empfehlen.

Beim Kochen des Wassers entweicht die freie Kohlensäure, und der pH-

Wert wird in den alkalischen Bereich verschoben. Doch schon ein geringer Überschuss an freier Alkalität kann zu Störungen beim Maischen führen. Der pH-Wert des Wassers muss deshalb eingestellt werden: Optimal ist ein pH-Wert von 5,4 bis 5,6. Dies erreichen Sie durch die Zugabe von Sauermalz beim Maischen. Sauermalz bewirkt einen Ausgleich der Restalkalität von karbonatreichem Brauwasser und begünstigt die Aciditätsverhältnisse der Maische, führt also zu einer pH-Wert-Absenkung und verbessert damit den enzymatischen Abbau. Sauermalz fördert außerdem eine bessere Eiweißausscheidung beim Würzekochen, eine stabilere Gärung mit höherem Endvergärungsgrad und führt zu stabilen, weich und mild schmeckenden Bieren.

Andere Wasserinhaltsstoffe

Nitrat (NO_3) gelangt vor allem durch die Stickstoffüberdüngung landwirtschaftlicher Flächen in unser Trinkwasser. Beim Bierbrauen führt bereits ein Nitratgehalt über 20 bis 25 Milligramm pro Liter Wasser zu Störungen bei der Gärung, denn Nitrat wird von der Hefe zu Nitrit

(NO_2) reduziert. Nitrit ist ein Hefegift und darf im Brauwasser keinesfalls enthalten sein. Konventionell angebauter Hopfen kann darüber hinaus eine zusätzliche Nitratbelastung hervorrufen. Deshalb ist es ratsam, möglichst nitratfreies Wasser sowie geringer nitratbelasteten Hopfen aus ökologischem Anbau zu nehmen.

Chlor

In einigen Regionen wird unser Trinkwasser zwecks Entkeimung mit Chlor, Chlorgas, Chlordioxid oder Hypochlorid aufbereitet. Beim Maischen reagiert Chlor zusammen mit den Gerbstoffen des Malzes, und es werden Chlorphenole gebildet. Abgesehen davon, dass Chlorphenole Geschmacksfehler im Bier verursachen (medizinisches Aroma), sind diese Stoffe auch physiologisch nicht unbedenklich. Sie können Chlor aus dem Wasser durch Abkochen oder mit einem Aktivkohle-Wasserfilter entfernen.

Nitrat kann gefährlich sein. Verwenden Sie deshalb Hopfen aus ökologischem Anbau.

Der Schüttungsanteil von Sauermalz beträgt bei sehr hartem Wasser etwa 5 Prozent, bei mittelhartem Wasser etwa 2 Prozent der zum Maischen eingesetzten Gesamtschüttung an Malz.

Der Brauvorgang in sieben Schritten:

Alles, was Sie brauchen, um Ihr ganz

persönliches Lieblingsbier zu brauen.

So *wird* Bier gemacht

Die Bierherstellung lässt sich in sieben Phasen gliedern, wobei jede Phase mehrere Arbeitsschritte beinhaltet, die ab Seite 35 genau erläutert werden.

Brauanleitung im Überblick

Phase 1 – Vorbereitungen

(0,5 bis 2 Stunden):

1. Geräte auswählen, reinigen sowie Brauprotokoll bereitlegen.
2. 40 Liter Wasser enthärten.
3. Braumalz schroten oder bereits geschrotetes Malz verwenden.
4. Flüssighefe ansetzen.

Phase 2 – Maischen

(2 bis 3 Stunden):

1. Zum Einmaischen den Hauptguss erhitzen und das Malz einrühren.
2. Die Temperatur unter ständigem Rühren erhöhen bis zur Eiweißrast.
3. Für die Maltoserast die Temperatur unter ständigem Rühren weiter erhöhen bis zur Rasttemperatur.
4. Für die 1. Verzuckerungsrast die Temperatur weiter erhöhen (Rühren) bis zur Rasttemperatur.

5. Die Jodprobe durchführen.
6. Für die 2. Verzuckerungsrast die Temperatur weiter erhöhen (Rühren) bis zur Rasttemperatur.

Phase 3 – Abläutern und Anschwänzen

(0,5 bis 1,5 Stunden):

1. Den Nachguss auf 78 °C erhitzen.
2. Die Maische in den Maischesack-Läuterfilter mit Filtereimer geben und in den Braueimer ablaufen lassen.
3. Den Nachguss über die Maischetreber im Läuterbottich geben.
4. Die abgelaufene Würze in den Brautopf geben und auf Kochtemperatur erhitzen.
5. Mit der Würzespindel den Extraktgehalt der Pfannevollwürze ermitteln.

Phase 4 – Würze und Hopfen kochen

(1,5 Stunden):

1. Die Würze mit voller Kraft erhitzen und 75 bis 100 Minuten kochen.
2. 5 bis 10 Minuten nach Kochbeginn mit dem Schaumlöffel den Eiweißtrub abschöpfen.
3. 10 bis 15 Minuten nach Kochbeginn den Hopfen zugeben (Bitterhopfengabe).

Abläutern: Das Abgießen und Filtern der Maische, d. h. die Trennung von klarer Bierwürze und Treber.

Ein elektrischer Brautopf eignet sich zum Maischen und Würzekochen.

4. Kurz vor Kochende den Würzegehalt messen.

5. Je nach Rezept kurz vor Kochende
Aromahopfengabe.

Nehmen Sie sich für den Brauvorgang am besten einen ganzen Tag Zeit.

Phase 5 – Ausschlagen und Würzekühlung
(1 bis 2 Stunden):

1. Von nun an steril
arbeiten.

2. Den Brautopf
abstellen und die
Würze einige Minu-
ten ruhen lassen.

3. Die Würze durch
das Trubfiltergewe-
be im Filtereimer
geben und in den
Braueimer ablaufen
lassen.

4. Den Gärbehälter
abdecken und in ein kaltes Wasserbad zum Kühlen stellen; das Wasser
hin und wieder erneuern. Alternativ
und schneller: mit einem Würzekühler
arbeiten.

5. Mit der Bierspindel den Stammwürzegehalt ermitteln.

6. 10 bis 15 Prozent der Würze als
Speise für die Nachgärung in Flaschen
abfüllen und im Kühlschrank lagern.

Phase 6 – Hauptgärung
(2 bis 10 Tage):

1. Die Anstellwürze gut belüften
oder Würzebelüfter einsetzen.

2. Trockenhefe rehydrieren.

3. Nach Erreichen der Gärtemperatur
die vorbereitete Hefelösung zugeben.

4. Den Gärbehälter mit dem Deckel
und ggf. einer Gärglocke verschließen.

5. Den Gärbehälter an einen Platz
mit konstanter Temperatur stellen.

6. Die braunen Hefeflecken auf dem
Gärschaum täglich abnehmen.

7. Mit der Bierspindel den Extraktgehalt prüfen; sobald kein Extraktabbau
mehr stattfindet, ist die Hauptgärung
abgeschlossen.

8. Den Gärschaum mit der Schaumkelle entfernen.

9. Die Speise für die Nachgärung in
das Gärfass geben und umrühren.

Phase 7 – Nachgärung und Reifung
(3 Wochen bis 4 Monate):

1. Das Bier aus dem Gärbehälter mit
einem Schlauch oder automatischen
Flaschenabfüllrohr in sterilisierte
Bierflaschen füllen.

2. Das Bier dunkel bei konstanter
Temperatur lagern.

Die sieben Phasen der Bierherstellung

Mit Hilfe der folgenden Grundkenntnisse können Sie nahezu jedes beliebige Bier brauen. Diese sieben Phasen der Bierherstellung sind als zusammenfassende Beschreibung für alle ab Seite 80 vorgeschlagenen Bierrezepte zu verstehen. Sie tauchen auch bei diesen Rezepten wieder auf und vereinfachen damit den Arbeitsablauf. Die in diesem Buch vorgeschlagenen Rezepte beziehen sich übrigens auf eine fertige Biermenge von rund 20 Litern.

Den Überblick gewinnen

Bevor Sie nun mit dem Bierbrauen beginnen, verschaffen Sie sich einen Überblick darüber, welche Gerätschaften und Rohstoffe Sie benötigen, welche Einzelschritte schließlich zum fertigen Getränk führen und wie viel Zeit Sie dafür einplanen sollten. Dazu empfiehlt es sich, die Erläuterungen über das Brauverfahren sowie über die Braurohstoffe gründlich zu studieren. Denn es ist keinesfalls unwichtig zu wissen, welche Gerätschaften Ihnen die Arbeit beim Bier-

brauen erleichtern, welchen Einfluss die verschiedenen Malzsorten, Hopfenarten, Bierhefetypen und das Brauwasser auf das selbst gebraute Bier haben und wie man sie für seine Zwecke einsetzen kann. Mit diesem Wissen erweitert man schließlich auch seine Möglichkeiten, das Kunstwerk Bier zu gestalten und ein Bier nach seinem eigenen Geschmack herzustellen.

Phase 1: Vorbereitungen

Die Hobbybrauerei ist normalerweise mit einer in fast jedem Haushalt vorhandenen Ausrüstung möglich. Zur Erleichterung und Optimierung des Brauvorgangs sollten Sie sich allerdings einige speziell für den Hausbraubedarf entwickelte Geräte im Fachhandel für Hobbybrauer besorgen (Bezugsquellen siehe Seite 93). Beim Bierbrauen ist die Sauberkeit ein wichtiger Faktor für ein gelungenes Bier. Deshalb werden alle benötigten Geräte gründlich mit heißem Wasser und ohne Zugabe von Spül- oder Sterilisationsmitteln gereinigt.

Brauen Sie Ihr Bier mit Freunden zusammen! Beim Trinken des Selbstgebrauten gibt es meist auch »Helfer«, warum also nicht auch beim Brauen?

Füllen Sie Ihr selbst gebrautes Bier in Flaschen mit Bügelverschluss ab.

Grundausrüstung auf einen Blick

- **1 Malz-Schrotmühle:** Braumalz schroten

- **1 Küchenwaage:** Braumalz abwiegen

- **Indikator-Teststreifen für Wasserhärte und pH-Wert:** Brauwasseranalyse

- **1 elektrischer Brautopf (Sudkessel) mit Auslaufhahn:** Maischen und Würze kochen

- **1 Eimer (15 Liter) mit Graduierung:** Brauwassermenge für den Hauptguss abmessen

- **ca. 100 Gramm Braugips:** Optimierung des pH-Wertes

- **1 Bierheber:** Enthärtetes Brauwasser umfüllen und Spindelproben abziehen

- **2 Bierlöffel oder Maischholz (50 bis 80 Zentimeter):** Maischen und Würze kochen

- **1 Stabthermometer, ca. 0 bis 110 °C, mit Kunststoffgehäuse:** Maischtemperatur überprüfen

- **ca. 100 Milliliter Jodlösung:** Jodprobe, Stärkenachweis

- **1 Läuterbottich (Filtereimer) 25 bis 30 Liter:** Abläutern und Heißtrubfilterung

- **1 Maischesack-Läuterfilter für Läuterbottich:** Abläutern

- **1 Braueimer (30 Liter) mit Deckel und Auslaufhahn:** Zwischenaufnahme der Läuter- und Ausschlagwürze

- **1 Messbecher mit Graduierung (3 Liter):** Brauwassermenge abmessen, Würze umfüllen

- **1 Schaumkelle:** Eiweißtrub nach Kochbeginn abschöpfen

- **1 Briefwaage:** Hopfen wiegen

- **1 Mess- und Spindelzylinder:** Würzgehalt messen

- **1 Bierwürzespindel:** Extraktgehalt bzw. Stammwürze messen

- **1 Trubfiltergewebe für Filtereimer oder 1 Würzesieb**beutel mit Trichter: Ausschlagen, Heißtrub- und Hopfenabscheidung

- **1 Plastikwanne oder 1 Würzekühler mit Wasseranschluss:** Abkühlen der Würze

- **1 Gärfass (ca. 30 Liter) mit Deckel, Gärglocke und Auslaufhahn:** Hauptgärung

- **1 Raumthermometer:** Gär- und Lagertemperatur überprüfen

- **1 großer Löffel oder Teesieb:** Hefeflecken entfernen

- **1 Abfüllschlauch (1 bis 2 Meter) oder Flaschenabfüllrohr:** Abfüllen (Schlauchen)

- **Bierflaschen mit Bügelverschluss (0,5 bis 2 Liter) für mindestens 20 Liter Bier:** Nachgärung, Lagerung

- **Ersatzgummidichtungen für Bügelverschluss-Bierflaschen**

- **1 Flaschenreinigungsbürste**

- **1 Flaschenbaum:** Abtropfen von gereinigten Bierflaschen

Wasseraufbereitung

Zum Brauen von 20 Litern Bier benötigen Sie fast die doppelte Menge an Brauwasser. Ein oder zwei Tage vor dem Brautag werden, falls erforderlich, ca. 40 Liter Wasser durch 30-minütiges Abkochen enthärtet. Nach dem Abkühlen setzt sich am Boden des Topfes sichtbar Kalk ab. Das enthärtete Wasser kann jetzt mit einem Bierheber abgezogen werden, ohne den Bodensatz dabei aufzuwirbeln. Die letzten zwei bis drei Liter des milchigen Bodensatzes werden weggeschüttet.

Anschließend rühren Sie Braugips in das Brauwasser (maximal 3 Gramm Braugips je 10 Liter Wasser), bis er sich auflöst. Sollten Sie weiches, nicht unbedingt zu enthärtendes Wasser unter 10 °dH verwenden, ist ebenfalls eine Zugabe von Braugips empfehlenswert.

Nun sollten Sie mit Indikatorstäbchen (erhältlich im Hobbybrauer-Fachhandel) den pH-Wert des Brauwassers analysieren. Eine in den meisten Fällen notwendige pH-Wert-Korrektur erfolgt dann beim späteren Maischen durch die Zugabe von Sauermalz.

Malz schroten

Das Malz muss geschrotet werden, damit die Enzyme beim Maischen die Bestandteile des Malzkornes optimal lösen können. Entscheidend dabei ist, dass die Körner gleichmäßig grob geschrotet werden, denn sowohl zu schwaches als auch zu starkes Schroten hat Nachteile: Sind die Malzkörner noch zu groß, führt dies zu einer schlechten Extraktgewinnung beim Maischen. Werden sie dagegen zu fein oder gar zu Mehl gemahlen, können Probleme beim Abläutern entstehen, weil das Mehl den Filter verstopft und die Würze nicht schnell und klar genug abfließt. Außerdem entsteht im Bier eine nicht zu beseitigende Trübung. Die Spelzen, so heißen die Außenhüllen des Korns, sollten beim Schroten möglichst wenig zerkleinert werden, weil sich das übermäßige Auslaugen der Spelzen beim Maischen nachteilig auf den Biergeschmack auswirkt.

Schrotmühle

Zum Schroten ist eine spezielle Malz-Schrotmühle aus dem Hobbybrauer-Fachhandel am besten geeignet. Notfalls kann aber auch eine Mehr-

Die Aufbereitung des Brauwassers und das Schroten des Malzes sollten Sie ein bis zwei Tage vor dem Brautermin vornehmen.

Das Malz wird beim Maischen in Wasser erwärmt, um möglichst viel von seinen wirksamen, schwer löslichen Bestandteilen durch die Wirkung der Enzyme als Extrakt in die Würze zu überführen. Um eine optimale Maischezusammensetzung zu erzielen, ist eine genauere Kenntnis über die Wirkung der Enzyme hilfreich, um das Maischen entsprechend steuern zu können.

zweckküchenmaschine mit großem Schlagwerk verwendet werden. Getreidemühlen oder elektrische Kaffeemühlen sollte man dagegen zum Schroten nicht einsetzen, weil die Malzkörner zu stark zerkleinert oder gar erhitzt und damit die Enzyme geschädigt werden.

Fertig geschrotetes Braumalz

Wollen Sie nicht selbst schroten, können Sie bereits fertig geschrotetes Braumalz kaufen. Es ist zwar geringfügig teurer als die ganzen Malzkörner, hat dafür aber auch gleich die optimale Körnung, und Sie ersparen sich eine staubige Tätigkeit. Geschrotetes Braumalz ist luftdicht verpackt und kühl sowie trocken gelagert je nach Qualität mehrere Wochen lagerfähig. Wenn Sie es in dieser Zeit nicht verbrauchen können, sollten Sie das Malz einfrieren. Ungeschrotetes Malz ist dagegen mindestens ein Jahr lang lagerfähig.

Phase 2: Maischen

Das Vermischen von Malzschrot und Brauwasser wird als Maischen bezeichnet. Es gibt verschiedene

Maischverfahren (Dekoktions-, Zwei- oder Dreimaischverfahren), von denen einige recht zeitaufwändig sind. Für die meisten Biere reicht jedoch ein einfacheres Verfahren völlig aus – das so genannte aufsteigende Infusionsverfahren. Es ist für das Bierbrauen zu Hause optimal und kommt hier für alle Rezepte zur Anwendung.

Malzstärke

Im Stärkekorn des Malzes eingelagert ist die Malzstärke, die aus zwei strukturell verschiedenen Kohlenhydraten besteht:

● Der Amylose, ein langkettiges, unverzweigtes Glukose-Polysaccharid. Dies ist der innere, nicht kleisternde Bestandteil des Stärkekorns, der sich beim Maischen in reine Stärke löst.

● Dem Amylopektin, ein verzweigtes (hochmolekulares) Polysaccharid. Aus dieser mit Wasser quellenden, kleisternden Hüllensubstanz des Stärkekorns entsteht Stärkekleister.

Abbau der Stärke

Der Stärkeabbau beim Maischen erfolgt durch die Wirkung der bereits beim Mälzen gebildeten Enzyme:

○ Bei der Verkleisterung, dem ersten Teilvorgang des Stärkeabbaus in der warmen und wässrigen Lösung der Maische, wird von den Stärkemolekülen viel Wasser angelagert, wodurch die Moleküle quellen, platzen und als Folge die Viskosität der Maische zunimmt.

○ Bei der Verflüssigung werden die Einfachzuckerketten der Stärke von der Alpha-Amylase in kleinere Ketten aufgesprengt, wodurch sich die Viskosität der Maische rasch vermindert.

○ Bei der Verzuckerung werden durch Alpha- und Beta-Amylase aus der Stärke zunehmend Drei-, Zwei- und Einfachzucker gebildet.

Bei diesem enzymatischen Abbau wird hauptsächlich vergärbarer Malzzucker (Maltose) gebildet. Dieses Disaccharid entsteht entweder durch direkten Stärkeabbau, oder die Maltose entsteht über Gruppen höheren Molekulargewichts (die Dextrine), wobei auch Monosaccharide (wie Glukose) und Trisaccharide (wie Maltotriose) entstehen. Die verschiedenen Enzyme arbeiten in bestimmten Temperaturgrenzen zwischen 35 und 78 °C. Bei der jeweiligen Optimaltemperatur erfolgen die Abbauprozesse am vollkommensten, weshalb bei bestimmten Temperaturen längere Verweilzeiten (Rasten) eingehalten werden.

Guss und Schüttung

Die für einen Sud benötigte Malzmenge heißt Schüttung, die dafür erforderliche Menge Brauwasser Guss. Je höher die Schüttung ist, desto höher ist der Stammwürzegehalt des Bieres. Der Guss unterteilt sich in Hauptguss und Nachguss, die Verteilung zwischen Haupt- und Nachguss wird als Gussführung bezeichnet. Hauptguss und Schüttung ergeben die Maische. Die beim Maischen gewonnene Extraktlösung nennt man Vorderwürze.

Das Einmaischen des Malzschrotes.

Dosierung

Die Menge der Schüttung für 20 Liter Bier beträgt je nach Rezept für Vollbiere mit einem Stammwürzege-

Während des Mai-
schens sollten Sie
kaltes Brauwasser
zur Hand haben, um
zu hohe Temperatu-
ren der Maische
schnell ausgleichen
und damit eine
Schädigung der
Enzyme verhindern
zu können.

halt von 11 bis 14 Prozent 4,4 bis 5,5 Kilogramm Braumalz. Starkbiere mit höherer Stammwürze dagegen erfordern höhere Schüttungsanteile. Die Menge des zum Einmaischen benötigten Hauptgusses beträgt drei bis vier Liter Brauwasser pro Kilogramm Malz. Bei dunklen Bieren (Malz) gilt die untere Grenze (ca. 3 l/kg), bei hellen Bieren (Malz) die obere Grenze (ca. 4 l/kg).

Sauermalz zugeben

Zur Optimierung des pH-Wertes der Maische sollten Sie der Schüttung 2 bis 5 Prozent Sauermalz zugeben.

Einmaischen

Zum Einmaischen wird zunächst der Hauptguss im Brautopf auf die Einmaischtemperatur erhitzt (siehe Rezepte ab Seite 80). Sobald diese Temperatur erreicht ist, wird das Malzschrot zugefügt und mit dem Maischholz eingerührt. Das Rühren während der verschiedenen Aufheizphasen beim Maischen ist wichtig,

um das Anbrennen des Malzes zu verhindern und eine gleichmäßige Wärmeverteilung in dem dickflüssigen Brei zu erreichen. Während der Rastphasen brauchen Sie die Maische nicht rühren. Der Brautopf wird dabei abgeschaltet und mit dem Deckel geschlossen, damit die Maische nicht abkühlt.

Nach dem Einmaischen durchläuft die Maische drei wichtige Phasen – die Eiweißrast, die Maltoserast und die Verzuckerungsrast –, bei denen es darum geht, die gewünschte Zusammensetzung des Bierextraktes zu erreichen. Dies geschieht durch exakt einzuhaltende Rasttemperaturen und Rastzeiten, die für die optimale Wirkung der Enzyme von großer Bedeutung sind.

Brautopf (Sudkessel)

Der Sudkessel, in der Fachsprache Pfanne bezeichnet, wird zum Maischen und zum Würzekochen verwendet. Bewährt haben sich die vom Hobbybrauer-Fachhandel angebotenen elektrisch beheizbaren Brautöpfe mit 29 Litern Inhalt und Auslaufhahn. Bei diesem Sudkessel ist man nicht auf den Küchenherd angewiesen und

info

Beim Einmaischen sind bereits verschiedene Enzyme aktiv. So baut etwa das Enzym Maltase (Wirkungsoptimum 35 – 40 °C, pH 6,0) die Maltose zu Monosacchariden ab.

kann quasi überall dort brauen, wo eine elektrische Steckdose in der Nähe ist.

Ein großer Kochtopf aus Edelstahl mit ca. 30 Litern Inhalt tut es allerdings auch, sofern die Heizkraft Ihres Herdes ausreicht. Andernfalls sollten Sie sich einen Gas-Hockerkocher mit ca. 8 Kilowatt Leistung zulegen. Mit dieser Heizleistung können Sie je nach Topfgröße später auch einmal einen sehr großen Sud einbrauen.

Braulöffel und Maischholz

Zum Rühren der Maische sind die viel zu kurzen Haushaltskochlöffel wenig geeignet. Kaufen Sie sich deshalb ein Maischholz mit 50 bis 80 Zentimeter Länge.

Eiweißrast

Während der ersten Phase (Eiweißrast oder Protease genannt) werden die löslichen Stickstoffsubstanzen, nämlich die komplexen größeren Eiweißstoffe (Proteine) des Malzes mit Hilfe der proteolytischen Enzyme (Proteinasen) in niedermolekulare, einfachere Eiweißverbindungen aufgespalten. Die enzymatischen Prozesse während der Eiweißrast sind die Voraussetzung

dafür, dass die Proteine des Malzes beim späteren Kochen der Würze möglichst großflockig verklumpen, ausfallen und als Bruch abgefiltert werden können. Dadurch wird die Klärung und Haltbarkeit, besonders aber die Schaumstabilität und das Kohlensäurebindungsvermögen des späteren Bieres verbessert.

Auf die richtige Temperatur kommt es an

Für die Eiweißrast wird die Maische auf 43 bis 55 °C erhitzt. Dabei muss die Maische ständig gerührt und immer wieder mit dem Thermometer kontrolliert werden: Steigt die Temperatur auf 60 °C an, müssen Sie den Brautopf sofort abschalten oder etwas kaltes Wasser zufügen, da sonst die Enzyme zerstört werden. Die Eiweißrast wird jetzt für 10 bis 30 Minuten konstant bei der im Rezept angegebenen Temperatur gehalten.

Im Temperaturbereich der Eiweißrast (Wirkungsoptimum 50 °C und pH

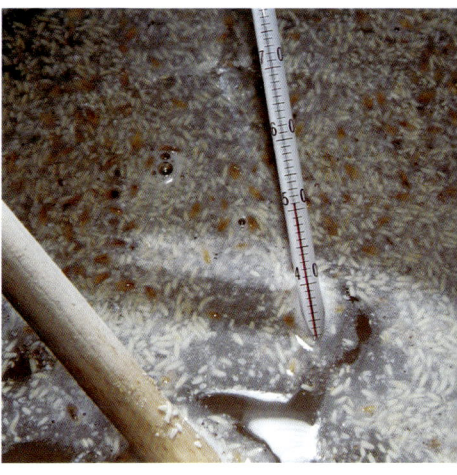

Achten Sie auf die Temperatur der Maische: Ist sie zu hoch, werden die Enzyme zerstört.

Der Eiweißabbau wird durch die Temperatur und deren Einwirkdauer bestimmt. Er darf weder zu knapp (Folge: ungenügende Ernährung der Hefe) noch zu weitgehend sein (Folge: schlechte Schaumhaltigkeit des Bieres).

5,2) werden auch bereits verschiedene Zucker gebildet. So erreicht das Enzym Saccharase bei einer Temperatur von 50 °C sein Optimum, ist aber auch noch bei 62 bis 67 °C wirksam, und spaltet das Disaccharid Saccharose in die Monosaccharide Glukose und Fruktose. Bei einem Temperaturoptimum von 55 bis 60 °C entwickelt sich das Enzym Grenzdextrinase zur Auflösung der hochmolekularen Grenzdextrine.

Maltose (Malzzucker): Aus zwei Molekülen Glukose aufgebautes Disaccharid. Entsteht beim enzymatischen Stärkeabbau und ist mit Hefe vergärbar.

Maltoserast

Während der zweiten Phase, der Maltoserast oder Beta-Amylose, werden die Stärkemoleküle von Amylose und Amylopektin mit Hilfe der Beta-Amylase-Enzyme in vergärbaren Zucker umgewandelt. Bei dieser Verkleisterung der Mehlkörper des Malzkorns (auch Vorverzuckerung genannt) bildet sich insbesondere Maltose sowie einige niedere Dextrine. Die Maltoserast ist ein für die Vergärbarkeit des Bieres und damit für die spätere Alkoholbildung wichtiger Abschnitt, weil im Wirkungsoptimum zwischen 60 und 65 °C (pH 5,5) die höchste Zuckermenge während des Maischens gebildet wird.

Eine längere Maltoserast erzeugt demnach eine maltosereichere Würze mit leicht vergärbaren Zuckermolekülen; wird diese Rast verkürzt, erhält man mehr schwer vergärbare Dextrine, die das Bier vollmundiger machen. Mit dem Verhältnis von Maltose und Dextrinen können Sie also den Vergärungsgrad der Würze und damit die mehr oder weniger gewünschte Vollmundigkeit des Bieres steuern.

Auf die Temperatur kommt es an

Für die Maltoserast wird die Temperatur auf 60 bis 65 °C erhöht. Auch hier kommt es auf die genaue Kontrolle der Temperatur an. Steigt sie auf 70 °C an, werden die Enzyme inaktiviert, und es kann keine weitere Stärke mehr in Zucker umgewandelt werden. Danach soll die Maische je nach Rezept 30 bis 70 Minuten konstant bei dieser Temperatur gehalten werden.

Erste Verzuckerungsrast

In der dritten Maischphase, der Verzuckerungsrast oder Alpha-Amylase, werden die großen verkleisterten Amylopektinmoleküle der Malzstärke mit Hilfe der Alpha-Amylase-Enzyme aufgespalten und ebenfalls in der Würze verflüssigt. Dabei bilden sich hauptsächlich niedere Dextrine, von denen jedoch nur 20 Prozent vergärbar sind. Es werden aber auch Oligosaccharide und bei längerer Rast auch noch Maltose und Glukose gebildet.

In dieser Phase wird die Temperatur unter ständigem Rühren auf 70 bis 75 °C erhöht und die Maische bei dieser Temperatur je nach Rezept 10 bis 60 Minuten bei geschlossenem Deckel und abgeschaltetem Brautopf gehalten.

Jodprobe

Nach der ersten Verzuckerungsrast sollen in der Würze keine Stärken und keine komplexen, höherteiligen Dextrine mehr vorhanden sein, die später die Gärung stören, zu Stärketrübungen führen würden und pappig-süße Biere hervorbringen. Zur Kontrolle des Verzuckerungsgrades wird deshalb die Jodprobe durchgeführt. Dabei lässt sich feststellen, ob die gesamte Stärke in Zucker umgewandelt wurde oder ob noch Stärke vorhanden ist. Für die Jodprobe geben Sie einen Teelöffel der Würze auf eine weiße Untertasse und fügen nach kurzer Abkühlung etwa drei Tropfen der Jodlösung zu. Wenn sich die Probe blau, violett oder rot färbt (nicht jodnormal), muss noch mehr Stärke in Zucker umgewandelt und somit die Verzuckerungsrast um weitere etwa zehn Minuten verlängert werden. Danach wird eine zweite Jodprobe gemacht: Erst wenn die Probe jodnormal ausfällt, sich also nicht mehr verfärbt und gelb bleibt, ist die Verzuckerung ausreichend.

Mit der Jodprobe lässt sich feststellen, ob die Stärke in Zucker umgewandelt wurde (hier: noch nicht jodnormal).

Zweite Verzuckerungsrast (Abmaischen)

Bei einigen Bierrezepten wird die Temperatur jetzt noch einmal auf 75 bis 78 °C erhöht, dabei das Rühren nicht vergessen, und 5 bis 40 Minuten gehalten, damit sich mehr unvergärbare Extrakte bilden können und das spätere Bier vollmundiger wird. Diese zweite Verzuckerungsrast bewirkt zudem, dass die in den Spelzen des Kornes enthaltene und beim

Das Wirkungsoptimum der Alpha-Amylase liegt bei 70 – 75 °C und einem pH-Wert von 5,7. Bei Temperaturen über 75 °C wird das Alpha-Amylase-Enzym bereits geschädigt, ab 80 °C zerstört.

Beim Abläutern wird mit dem Messbecher die Maische aus dem Brautopf geschöpft.

Der Nachguss sollte keinesfalls heißer als 78 °C sein, weil sonst unverzuckerte, verkleisterte Stärke ausgewaschen wird, die später im Bier Trübungen hervorruft. Kühlt der Treber andererseits unter 65 °C ab, kann kein Zucker mehr gelöst werden.

Maischen noch nicht verzuckerte Reststärke beim folgenden Abläutern noch besser nachverzuckert werden kann.

Der Prozess des Maischens ist nun beendet, es wird abgemaischt, d .h., die Maische wird zum Abläutern in den Läuterbottich bzw. Maischefilter umgefüllt.

Phase 3: Abläutern und Anschwänzen

Abläutern nennt man das Abgießen und Filtern der Dickmaische, d. h. die Trennung der klaren Bierwürze von den festen, unlöslichen und ungelösten Malzschrotbestandteilen, dem Treber. Durch das anschließende Aufgießen des Trebers – in der Fachsprache Anschwänzen oder Überschwänzen genannt – mit Brauwasser (Nachguss) werden letzte Extraktreste und die noch löslichen Zuckerbestandteile aus dem Malz ausgewaschen (Nachverzuckerung). Durch den Nachguss wird auch der Extraktgehalt der konzentrierten Vorderwürze auf den für die gewünschte Biergattung entsprechenden Würzgehalt verdünnt.

Läutertechnik

Bereits während der Verzuckerungsrast werden in einem Kochtopf mindestens 20 Liter Brauwasser für den Nachguss auf 78 °C erhitzt. Des Weiteren wird als Läuterbottich der Filtereimer mit dem Maischesack-Läuterfilter sowie der zu diesem System gehörende Braueimer für die Zwischenaufnahme der abgeläuterten Würze bereitgestellt. Diese speziell für Haus- und Hobbybrauer entwickelten Gerätschaften erhalten Sie im Hobbybrauer-Fachhandel.

Zum Abläutern schöpfen Sie mit dem Messbecher die Maische restlos aus dem Brautopf in den im Filtereimer stehenden Maischesackfilter. Die Würze, man nennt sie jetzt Vorderwürze, läuft klar und relativ zügig durch den Filtereimer in den darunter stehenden Braueimer.

Der Nachguss

Sobald die Vorderwürze in den Braueimer abgelaufen ist, wird der 78 °C heiße Nachguss (Menge je nach Rezept) mit dem Messbecher nach und nach über den Treber gegeben. Sobald der Nachguss infolge des zunehmenden Treberwiderstandes langsamer abläuft, sollten Sie den Treber ab und zu »umgraben«, damit der Treberfilter nicht verstopft und sich möglichst alle Zuckerrückstände herauslösen können. Die Wassermenge für den Nachguss beträgt ca. drei Liter pro Kilogramm Malz bei hellen Bieren. Dunkle Biere erfordern ca. vier Liter Nachguss pro Kilogramm Malz, weil hier der Hauptguss beim Einmaischen geringer war.

Portionsweise arbeiten

Die Nachgüsse werden in drei oder vier Teilmengen aufgebracht . Das Wasser sollte immer erst ablaufen, bevor die nächste Portion auf den Treber gegeben wird. Mit dieser Aufteilung sorgen Sie dafür, dass die Temperatur der Treber möglichst immer zwischen mindestens 65 °C und höchstens 78 °C bleibt.

Ein großer Teil des Trebers besteht aus den Spelzen. Wurde das Malz in der richtigen Körnung geschrotet, ohne die Spelzen zu zerstören, sorgen sie jetzt dafür, dass der Treber nicht zusammenklebt und infolgedessen undurchlässig wird. Wurde dagegen zu fein geschrotet, entsteht

1. Abläutern der Maische; 2. Überschwänzen des Nachgusses; 3. Umgraben des Trebers.

durch den hohen Mehlanteil reichlich Teig, der den Treber verdichtet und die Poren des Filters verstopft, so dass das Nachgusswasser nur langsam ablaufen kann. Dabei kühlt es zu sehr ab, was eine Verschlechterung der Nachverzuckerung zur Folge hat.

Die Pfannevollwürze

Die beim Nachguss gewonnene Würze wird als Nachgusswürze bezeichnet und in der Endphase der Nachgüsse nennt man die jetzt stark verdünnt ablaufende Würze Glattwasser. Im Braueimer befindet sich jetzt die aus Vorder- und Nachgusswürze gewonnene Pfannevollwürze, die Sie nun über den Ablaufhahn des Braueimers in den ausgespülten Brautopf, der jetzt als Würzepfanne dient, laufen lassen und anschließend auf Kochtemperatur erhitzen.

Eine schnellere Läutertechnik

Schneller geht es so: Nachdem Sie die Maische aus dem Brautopf in den Maischesackfilter umgefüllt haben und die Vorderwürze restlos in den Braueimer abgelaufen ist (wie oben beschrieben), füllen Sie den Treber aus dem Filter zurück in den Brautopf. Jetzt gießen Sie den gesamten 78 °C heißen Nachguss (Menge je nach Rezept) in einem Zug ebenfalls in den Brautopf. Rühren Sie alles etwa 5 Minuten lang gut durch, und schöpfen Sie den mit dem Nachguss vermischten Treber erneut in den Maischesackfilter.

Nun fahren Sie fort wie bereits beschrieben. Das Nachgusswasser hat bei dieser Methode zwar einen wesentlich kürzeren Kontakt mit dem Treber als beim langsamen Durchsickern durch den Treberkuchen. Da der Nachguss den Treber aber deutlich intensiver umspülen und nachverzuckern kann, erhalten Sie mit dieser Technik mindestens die gleiche Extraktausbeute und sparen außerdem Zeit.

Treber anderweitig verwenden

Den zurückbleibenden Treber können Sie als Zusatz zum Brotbacken verwenden. Ansonsten ist er ein ausgezeichnetes Futter für Hühner, Schweine, Rinder oder Schafe und auch zum Kompostieren bestens geeignet.

Allerdings ist zu bedenken, dass im Treber auch alle festen Bestandteile des Maischens enthalten sind. Besonders bei konventionell angebautem Braugetreide können so Schwermetalle wie Blei und Kadmium über diesen Umweg in die menschliche Nahrungskette gelangen. Denn beim Treber aus konventionell angebautem Braugetreide finden sich nach mehrjährigen Studien der Gesamthochschule Kassel und der Fachhochschule Fulda bis zu 90 Prozent höhere Gehalte des Krebs fördernden Kadmiums gegenüber dem Treber aus ökologisch angebautem Braugetreide.

Extraktgehalt prüfen

Der Extraktgehalt oder die Konzentration der Würze wird mit der Bierwürzespindel ermittelt. Je höher der gelöste Zuckergehalt der Würze ist, desto höher ist ihr relatives spezifisches Gewicht und desto weiter steht die Bierspindel aus der Flüssigkeit heraus. Der Wert kann dann von der Skala auf der Spindel abgelesen werden. Die meisten Bierspindeln sind auf eine Würzetemperatur von 20 °C geeicht.

Wichtiger Arbeitsschritt

Die Würze wird nun mit der Bierwürzespindel auf ihren Extraktgehalt überprüft, um bereits zu diesem Zeitpunkt eine Orientierung hinsichtlich der Stärke des späteren Bieres zu haben. Der Extraktgehalt der Pfannevollwürze sollte zum jetzigen Zeitpunkt etwa 2 Prozent unter dem angestrebten, im Rezept angegebenen Wert der Stammwürze liegen, da durch den folgenden Kochvorgang einiges an Wasser verdampft und der Extraktgehalt damit steigt. Zur Prüfung des Extraktgehaltes wird der Messzylinder zu etwa drei Viertel mit Würze gefüllt und im Wasserbad auf 20 °C abgekühlt. Danach stellen Sie die Bierspindel vorsichtig in den Messzylinder – bei zu frühem Loslassen kann die aus Glas bestehende Spindel bis auf den Boden des Messzylinders sinken und zerspringen. Sobald die Spindel frei schwimmt, kann der Extraktgehalt auf der Skala der Bierspindel abgelesen

Die Konzentration der Würze, der Extraktgehalt, wird mit der Bierwürzespindel gemessen.

Hauptursache der Kadmiumbelastung ist der Einsatz von Phosphatdüngemitteln und Klärschlamm durch die Landwirtschaft. Ein Grund mehr also, Braumalz aus ökologischem Anbau zu verwenden.

Das Kochen führt auch zur Verdampfung von überschüssigem Wasser, wobei unedle Aromastoffe aus Malz und Hopfen abdestilliert werden.

werden. Der Extraktgehalt gibt in Gewichtsprozenten an, wie viel Gramm Zucker und andere Substanzen pro Kilogramm Flüssigkeit gelöst sind. Beispielsweise enthält eine Würze mit einem gemessenen Extraktgehalt von 11 Prozent pro 100 Gramm einen Anteil von 11 Gramm gelöster Stoffe, der Rest (89 Gramm) ist Wasser.

Phase 4: Würze und Hopfen kochen

Vor der Hopfenzugabe sollte der Eiweißschaum entfernt werden.

Die Würze wird gekocht, weil dadurch zum einen die Wirksamkeit sämtlicher Enzyme unterbunden wird, sie werden denaturiert. Zum anderen flocken aufgrund der Hitze die vom Maischen mitgeschleppten gerinnbaren Eiweißstoffe aus (Eiweißkoagulation). Diese Ausflockungen werden als Bruch bezeichnet und können nach dem Kochen durch ein feines Gewebe abgefiltert werden (Heißtrubabscheidung). Die Eiweißkoagu-

lation und eine gute Bruchbildung für die spätere Heißtrubabscheidung sind von großer Bedeutung für Geschmack, Vollmundigkeit und Haltbarkeit des Bieres. Durch das Kochen wird die Würze zudem sterilisiert, d. h., es werden Bakterien zerstört, die sonst das Bier während der Gärung verderben könnten.

Kochtechnik

Die Pfannevollwürze wird nun zum Kochen gebracht und je nach Rezept 75 bis 100 Minuten lang sprudelnd gekocht. Sollte die Heizleistung Ihres Brautopfes oder Herdes für die Sudmenge nicht ausreichen, können Sie zusätzlich mit einem Tauchsieder nachhelfen. Es kommt gelegentlich vor, dass die Pfannevollwürze nicht vollständig in den Brautopf hineinpasst, weil z. B. Haupt- oder Nachguss etwas reichlich bemessen waren. Fügen Sie diesen Rest während des Kochens hinzu, sobald wegen der Verdampfung wieder Platz im Sudkessel ist.

Zu Beginn des Kochens sollten Sie die Würze im Auge behalten, denn sie neigt jetzt leicht zum Überkochen (Siedeverzug), weil die koagulierfähi-

Kriterien für die Hopfenmenge

Beurteilung	Stärkere Hopfenzugabe	Schwächere Hopfenzugabe
Bierfarbe, Malzsorte	hell	dunkel
Wasserhärte	weich	hart
Stammwürze, Extraktgehalt	hoch	niedrig
Vergärungsgrad	hochvergoren	betont malzig
Kochzeit	kurz	lang
Lagerzeit	lang	kurz

gen Eiweißmoleküle noch nicht denaturiert sind und stark aufschäumen. Etwa 5 bis 10 Minuten nach Kochbeginn bildet sich auf der Oberfläche der Würze eine trübe, schaumähnliche Schicht, das koagulierte Eiweiß. Diese Schicht sollten Sie vor der Hopfenzugabe mit einem Schaumlöffel oder Teesieb entfernen. Damit erleichtern Sie sich die spätere Heißtrubabscheidung.

Kurz vor Ende der Kochzeit wird mit der Bierspindel der Extraktgehalt der Würze kontrolliert. Dafür muss die Probe im Wasserbad wieder auf 20 °C abgekühlt werden und sollte je nach Bierrezept einen Extraktgehalt von 11 bis 18 Prozent aufweisen.

Hopfenzugabe

Etwa 10 Minuten nach Kochbeginn, sobald Sie die Oberfläche der Würze vom koagulierten Eiweiß befreit haben, wird der Hopfen zugegeben. Der Hopfen muss mindestens 60 Minuten mitgekocht werden, da seine Substanzen schwer löslich sind und erst nach längerer Kochzeit isomerisieren, d. h. ihre Wirkung entfalten und die vorgesehene Hopfenbittere

Die exakte Dosierung des Hopfens wird besonders von seinem Bitterstoffgehalt (Alphasäure) und dessen von der Kochzeit abhängenden Isomerisierung bestimmt. Der Alphasäuregehalt kann je nach sorten- und jahrgangstypischen Unterschieden erheblich schwanken.

Bitterstoffgehalt von Bieren

Biersorte	Bitterstoff-gehalt in BE	Biersorte	Bitterstoff-gehalt in BE
Obergärige Biere:			
Altbier	28 – 60	Kölsch	16 – 34
Weizenbier	10 – 18	Malzbier	6 – 10
Untergärige Biere:			
Pilsener	25 – 45	Lager (hell)	5 – 24
Export (hell)	20 – 30	Lager und Export (dunkel)	16 – 24
Märzen	18 – 28	Bock (hell)	20 – 40
Doppelbock (hell)	17 – 35	dunkle Starkbiere	24 – 30

Isomerisation: Umwandlung der chemischen Struktur der Alphasäuren des Hopfens während des Würzekochens, wobei die wasserlöslichen und bitter schmeckenden Iso-Alphasäuren entstehen.

an das Bier abgeben. Der Gerbsäuregehalt des Hopfens bewirkt während des Kochens eine weitere Ausfällung von Eiweißstoffen und trägt somit zur Klärung der Würze bei.
Viele Brauereien setzen künstliche Beschleunigungsverfahren beim Hopfenkochen durch den Einsatz von Kieselsäurepräparaten zur schnelleren Isomerisierung der Hopfeninhaltsstoffe ein. Diese mineralischen

Präparate sind für die häusliche Bierbereitung nicht empfehlenswert, weil sie noch Spuren von Schwermetallen enthalten können, die im Bier wie in allen Nahrungsmitteln nichts zu suchen haben.

Wichtig ist ein offener Topf
Der Topf sollte während des Kochens nicht abgedeckt werden, damit die Dämpfe gut abziehen können. Würden

sie am Deckel kondensieren und in die Würze zurückfließen, könnten die Hopfenöle und andere Aromastoffe dem Bier einen unangenehmen Geschmack verleihen.

Berechnung von Hopfenmenge und Bitterstoffgehalt

Die jeweils benötigte Hopfenmenge können Sie anhand einer Formel leicht selbst berechnen. Dazu benötigen Sie folgende Angaben:

○ Alphasäuregehalt des Hopfens in Prozent (dieser Wert wird auf der Verpackung angegeben).

○ Bitterstoff-Ausnutzung in Prozent. Sie ist abhängig von der Kochdauer und beträgt bei 90 Minuten 30 Prozent, bei 60 Minuten 25 Prozent.

○ Angestrebte Biermenge in Litern.

○ Angestrebte Bittere des fertigen Bieres. Diese wird in Bittereinheiten (abgekürzt BE, manchmal auch IBU oder EBU) gemessen und ist umso höher, je bitterer ein Bier ist. Eine Orientierung über den durchschnittlichen Bitterstoffgehalt (mg/l) einiger bekannter Biersorten gibt die Übersicht auf Seite 50.

Anhand dieser Werte und mit Hilfe nebenstehender Formel kann die erforderliche Hopfenmenge ausgerechnet werden.

Beispiel: Es soll ein Altbier mit 35 BE gebraut werden; die angestrebte Biermenge beträgt 20 Liter, Kochdauer 90 Minuten (= 30 Prozent Bitterstoffausnutzung). Verwendet werden Hopfenpellets, Hallertauer Typ 90 mit 7 Prozent Alphasäure.

$$\frac{35 \text{ BE} \times 20 \text{ Liter} \times 10}{7\% \times 30\%} = 38{,}1 \text{ g Hopfen}$$

info

So wird die erforderliche Hopfenmenge (in Gramm) ausgerechnet:

$$\frac{\text{Bittereinheiten (BE)} \times \text{Liter Bier} \times 10}{\% \text{ Alphasäure} \times \% \text{ Bitterstoffausnutzung}}$$

Wichtig

Zur Berechnung der Hopfenmenge wird nur der Hopfen berücksichtigt, den man der kochenden Würze nach Kochbeginn zugibt (Bitterhopfengabe). Bei einigen Rezepten gibt man etwa die Hälfte oder drei Viertel des Hopfens zu Kochbeginn und den restlichen Hopfen 10 bis 15 Minuten vor Kochende als Aromahopfen hinzu, damit das delikate Aroma der hochflüchtigen ätherischen Öle ohne Verlust erhalten bleibt und beim Kochen nicht verdampft. Diese Aromahopfenzugabe – sie bestimmt vor

EBU: European Bittering Units. Europäische Bezeichnung für die Hopfenbittere.

IBU: International Bittering Units. Internationale Bezeichnung für die Hopfenbittere.

allem das Bukett des Bieres – ist in der genannten Berechnung nicht berücksichtigt, da in der kurzen Zeit keine nennenswerten Bitterstoffmengen mehr isomerisiert werden! Wenn Sie anhand der eingesetzten Hopfenmenge und der Alphasäure den sich daraus ergebenden Bitterstoffgehalt (BE) des Bieres ausrechnen möchten, benutzen Sie die im Kasten stehende umgeformte Berechnung:

Beispiel: Für ein untergäriges Pils wurden 40 Gramm Hopfenpellets, Typ 90 mit 7,5 Prozent Alphasäure eingesetzt. Die fertige Biermenge beträgt 20 Liter, die Kochzeit 90 Minuten (= 30 Prozent Bitterstoffausnutzung).

$$\frac{40 \text{ g Hopfen} \times 7,5\ \% \times 30}{20 \text{ Liter Bier} \times 10} = 45 \text{ BE}$$

Phase 5: Ausschlagen und Würzekühlung

Nach dem Kochen nennt man die Würze Ausschlagwürze, da sie als Nächstes vollständig von dem sehr feinen Bruch bzw. dem Trub getrennt (ausgeschlagen) werden muss. Ansonsten behindern Bruch und Trub später die Hefe bei ihrer Arbeit, bewirken eine unbefriedigende Schaumbildung und führen zu einem Trubgeschmack des Bieres.

Von nun an müssen Sie steril arbeiten, weil bei allen weiteren Arbeitsschritten Verunreinigungen durch die in der Luft befindlichen Bakterien oder durch unsaubere Geräte den Erfolg Ihrer Arbeit zunichte machen können. Alle Geräte, die Sie von jetzt an benutzen, müssen deshalb vor Gebrauch gereinigt und möglichst auch sterilisiert werden.

Hopfenseihen und Trubfilterung

Als Nächstes stellen Sie den bereits beim Abläutern eingesetzten Filtereimer mit dem jetzt darin befindlichen Trubfiltergewebe auf den Braueimer, um das Ausschlagen vorzubereiten. Alternativ hierzu können Sie auch ein Gärfass benutzen, in dessen Öffnung der Trichter mit dem Würzesiebbeutel gestellt wird. Sowohl das Trubfiltergewebe als auch der Würzesiebbeutel bestehen aus sehr feinem

Benutzen Sie zur Reinigung Ihrer Geräte keine Haushaltsspülmittel oder gar chemische Sterilisationsmittel, sondern nur kochend heißes Wasser!

Gewebe (Maschenweite ca. 0,18 Mikrometer), das auch feinste Heißtrubpartikel zurückhält.

Die heiße Würze wird jetzt mit dem Messbecher abgeschöpft und durch den Filter gegeben. Wenn Sie über einen Brautopf mit Auslaufhahn verfügen, können Sie die Würze am besten mit einem am Auslaufhahn befestigten Schlauch in den Filter fließen lassen. Nach dem Ablaufen der Würze bleibt eine grünbraune Masse (Eiweißtrub und Hopfentreber) im Filter zurück. Dieser Treber enthält auch noch Würze, die man mit einer Kelle siedendem Wasser ausschwemmt.

Gärgefäß

Ihr Gärbehälter muss größer sein als die zu gärende Biermenge, damit der sich während der Hauptgärung bildende Gärschaum Platz hat. Gärfässer aus lebensmittelechtem Kunststoff werden vom Hobbybrauer-Fachhandel in verschiedenen Größen angeboten. Diese Fässer sollten über eine große, mit einem Deckel verschließbare Öffnung zum bequemen Reinigen verfügen sowie mit einem Ablaufhahn versehen sein.

Würzekühlung

Stellen Sie das Gärgefäß nun zum Kühlen in ein kaltes Wasserbad (Wanne), und decken Sie das Gefäß mit einem sauberen Küchenhandtuch ab, damit in dieser empfindlichen Phase keine fremden Keime eindringen können. Um später einen befriedigenden Gärverlauf und eine ausreichende Vermehrung der Hefe zu gewährleisten, muss die Würze während der Kühlung ausreichend Sauerstoffzufuhr erhalten. Aus diesem Grund sollten Sie das Gärgefäß nur locker abdecken und die Würze während der letzten Phase der Abkühlung kurz vor dem Erreichen der Anstelltemperatur mit einem sterilisierten Braulöf-

Der Heißtrub besteht aus Hopfenbestandteilen, aus koagulierten Eiweißstoffen und aus anderen organischen Stoffen (Polyphenole, Fettsäuren, Kohlenhydrate, Mineralstoffe).

Nach dem Kochen wird die Würze vom Heißtrub getrennt.

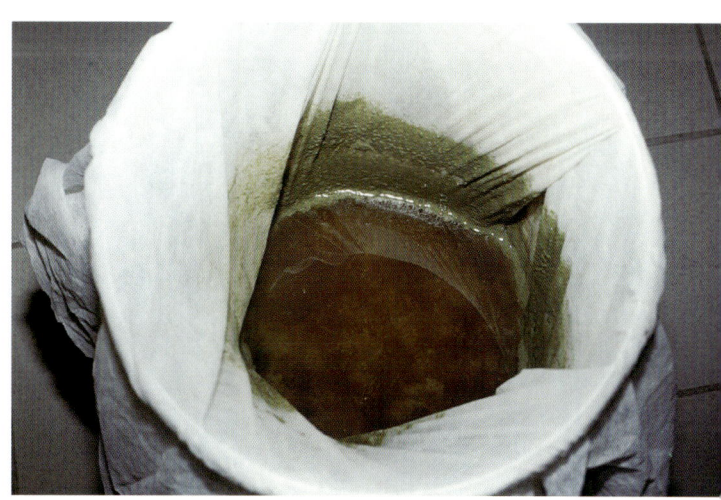

Enorm beschleunigt wird die Kühlung mit einem Würzekühler aus dem Hobbybrauer-Fachhandel. Hierbei handelt es sich um eine Kupferrohrspirale, die man in die Würze taucht und durch die ständig kaltes Wasser fließt. Zu- und Ablaufstutzen dieser Spirale werden mit entsprechenden Kupplungen an einen Wasserschlauch angeschlossen.

fel gründlich umrühren. Durch die abrupte Kühlung werden die Eiweißstoffe von der Würze abgeschieden; man nennt diesen der späteren Klärung des Bieres dienenden Prozess Ausfällen.

Um die Kühlung zu beschleunigen, wird das kalte Wasser immer wieder erneuert, denn die Würze soll möglichst schnell auf die für das Zugeben der Hefe (Anstellen) notwendige Temperatur abkühlen. Eine schnelle Kühlung ist vor allem in der letzten Phase zwischen 40 und 20 °C wichtig, weil in diesem Bereich die Gefahr einer Infektion besonders groß ist und sich Bierschädlinge schnell entwickeln können. Die Kühlwirkung des Wasserbades können Sie mit Eiswürfeln, Kühlakkus oder durch mit Salzwasser gefüllte Plastikgetränkeflaschen aus der Gefriertruhe unterstützen.

Messung des Stammwürzegehaltes

Die eigentliche Würzebereitung ist nun abgeschlossen. Die Würze, jetzt Anstellwürze genannt, besteht aus Wasser, vergärbarem Malzzucker, nichtvergärbarem Zucker und einigen

weiteren unvergärbaren Stoffen, dazu gehören Eiweißstoffe, Vitamine, Mineralien oder Aromastoffe.

Vor der nächsten Phase wird der Stammwürzegehalt endgültig ermittelt. Er bezeichnet in Gewichtsprozenten den Extraktgehalt bzw. den bei der Würzebereitung gelösten Gehalt an Stoffen in der Anstellwürze, aus dem sich durch die spätere Gärung zu etwa je einem Drittel Alkohol, Kohlensäure und nichtvergärbarer Restextrakt bilden. Der Stammwürzegehalt ist für die Ermittlung des richtigen Abfüllzeitpunktes nach der Hauptgärung mit Hilfe der Schnellvergärungsprobe notwendig, sofern Sie nicht mit Speise arbeiten. Entnehmen Sie erneut eine Probe, und spindeln Sie wieder bei 20 °C. Die Stammwürze sollte jetzt mit der in ihrem Rezept übereinstimmen, wobei eine Abweichung von +/- 1 Prozent nicht so entscheidend ist.

Speise abfüllen

Als Speise bezeichnet man die Zugabe von unvergorener Würze (Ausschlagwürze) in das während der Hauptgärung vollständig vergorene Jungbier, bevor das Bier vom Gärfass in Flaschen abgefüllt werden soll. Die Zugabe von Speise soll die Nachgärung und damit die Bildung von Kohlensäure sicherstellen. Dieses Verfahren kann für alle Bierrezepte eingesetzt werden. Es ist besonders bei allen Hefesorten empfehlenswert, die relativ schnell vergären und bei denen der genaue Abfüllzeitpunkt deshalb häufig in sehr engen Zeitgrenzen liegt. Hierzu gehören Trockenhefe und alle obergärigen Hefen. Als Speise füllen Sie für untergärige Biere nun 10 Prozent der Ausschlagwürze (z. B. zwei Liter bei einem 20-Liter-Sud), für obergärige Biere 15 Prozent in sterile Flaschen ab. Die Flaschen werden gut verschlossen und, da die Speise sehr empfindlich ist, im Kühlschrank aufbewahrt. Am Ende der Hauptgärung kommt die Speise dann wieder zum Einsatz (siehe Seite 61).

Phase 6: Hauptgärung

Die alkoholische Gärung des Bieres wird durch die Aktivität der Bierhefe (Zellteilung) in Gang gesetzt, bei der sich die vergärbaren Kohlenhydrate (Malzzucker) zu etwa gleichen Teilen in Alkohol und Kohlensäure umwandeln. Bei diesem Vorgang produziert die Hefe bestimmte Enzyme, die die Gärung steuern. Auch andere in der Würze enthaltene Stoffgruppen wie Eiweißkörper, Hopfenharze und Säuren erfahren während der Gärung Veränderungen, die für die Eigenschaften des späteren Bieres, bezogen auf Aroma, Vollmundigkeit, Schaum, Farbe und Bittere, von großer Bedeutung sind.

Etwas Ausschlagwürze wird in Flaschen gefüllt und nach der Hauptgärung weiterverarbeitet.

Brauhefe aktivieren

Bei der Brauhefe haben Sie die Wahl zwischen frischer Flüssighefe für viele verschiedene Biersorten und einer ober- oder untergärigen Trockenhefe. Beide Hefearten werden vom Fachhandel für Hobbybrauer angeboten.

Flüssighefe
Wenn Sie – wie in einigen Rezepten angegeben – mit vakuumverpackter Flüssighefe arbeiten, müssen Sie die-

Der Stammwürzegehalt ist auch für die Berechnung der eventuell zu entrichtenden Biersteuer von Bedeutung (siehe Seite 71).

se einige Tage vor dem Brauen laut aufgedruckter Vorgabe des Herstellers mit einer zugehörigen Nährlösung ansetzen, damit sie ausreichend angären kann.

Trockenhefe

Die Trockenhefe wird am Brautag aktiviert. Dadurch wird sie gelöst (rehydriert), kann quellen und sich bereits vermehren. Die rechtzeitige Aktivierung erhöht den Gehalt an aktiven Hefezellen und beschleunigt später die Angärung. Damit wird zudem die mikrobiologische Sicherheit erhöht. Zum Rehydrieren der Trockenhefe geben Sie in eine mit kochendem Wasser sterilisierte größere Tasse zunächst ca. 100 Milliliter abgekochtes, noch möglichst heißes Wasser. Darin rühren Sie zwei bis drei Teelöffel Malzextraktpulver oder Flüssigmalzextrakt, bis es sich auflöst. Kühlen Sie diese Lösung nun im Wasserbad auf 37 bis 39 °C ab, und streuen Sie dann die Trockenhefe ein.

Das aufschwimmende Hefegranulat kann nun 5 bis 10 Minuten durchweichen. Dabei soll es nicht gerührt werden, um eine Verletzung der spröden Trockenzellen zu vermeiden. Nach dem Weichen rühren Sie die Hefe mit einem sterilen Teelöffel sanft unter und decken das Gefäß mit einer Untertasse ab. Nach 20 bis 30 Minuten lässt sich anhand der Schaumbildung erkennen, dass die Hefezellen arbeiten. Die Hefesuspension ist nun für die Hauptgärung einsatzbereit und muss sofort der Würze zugegeben werden.

Hefe anstellen und Würze belüften

Sobald die Würze die während der Kühlphase vorgesehene Gärtemperatur erreicht hat – sie heißt jetzt Anstellwürze –, wird die vorbereitete Hefelösung zugegeben (angestellt). Damit die Hefe keinen Temperaturschock erleidet und womöglich ausfällt, sollten Sie die Temperatur von Hefe und Anstellwürze bis auf +/- 5 °C anpassen.

Da die Würze zuvor gekocht wurde, enthält sie jetzt kaum noch Sauerstoff, der für die Vermehrung der

Für die Hauptgärung wird der Würze Bierhefe zugegeben.

Die Bierqualität wird auch bestimmt von Geschwindigkeit und Ausmaß der Vergärung, vom Säurebildungsvermögen der Hefe sowie durch die Bildung von Stoffwechsel- oder Gärnebenprodukten.

Hefezellen und für einen gleichmäßigen, gesunden Gärablauf aber unerlässlich ist. Aus diesem Grund sollten Sie die Würze vor dem Anstellen der Hefe intensiv belüften, damit sich die Angärung nicht verzögert. Hierzu schütten Sie die Würze mehrfach von einem Behälter in einen anderen, wodurch Sauerstoff eingezogen wird. Eine ausreichende Belüftungsrate ist dann durch ein starkes Aufschäumen erkennbar. Als praktische Alternative können Sie auch einen Würzebelüfter einsetzen (erhältlich im Hobbybrauer-Fachhandel).

Nach dem Anstellen der Hefe wird das Gärfass mit dem Deckel verschlossen. In den Deckel des Gärfasses wird eine halb mit Wasser gefüllte Gärglocke gesteckt. Damit können die bei der Gärung entstehenden Kohlendioxidgase entweichen, ohne dass umgekehrt Fremdkeime eindringen.

Gärtemperatur

Das Gärfass wird nun an einen Platz mit möglichst konstanter Temperatur gestellt. Bei der Herstellung von obergärigem Bier gibt es dabei keine Probleme, weil die Hefe etwa bei Zimmertemperatur (15 bis 25 °C)

arbeitet. Für untergäriges Bier, das bei einer Temperatur von 4 bis 14 °C gärt, wird dagegen ein kühler Keller oder ein Kühlschrank benötigt. Sollten Sie mit einer neu entwickelten untergärigen Trockenhefe arbeiten, so kann die Hauptgärung ebenfalls etwa bei Zimmertemperatur erfolgen.

Auf gleichmäßige Temperatur achten

Größere Temperaturschwankungen sollten während der Hauptgärung vermieden werden. Hohe Temperaturen beschleunigen zwar die Gärung, bergen aber die Gefahr von Infektionen in sich, destabilisieren die Schaumkrone und produzieren ein trübes, bitteres Bier. Grundsätzlich sollten Sie sich eher an der niedrigeren Gärtemperatur für die jeweilige Hefeart orientieren, weil das Bier durch kühlere und damit langsamere Gärung haltbarer ist – d. h. weniger anfällig gegenüber Infektionen – und außerdem die CO_2-Bindung im Bier günstiger verläuft. Andererseits darf die Temperatur auch nicht zu niedrig sein, da sich die Gärung sonst verzögert oder die Hefezellen gar nicht erst aktiv werden.

Falls sich die Gärung verzögert oder die Hefezellen nicht aktiv werden, sollten Sie die Gärtemperatur um einige Grade erhöhen. Dies ist insbesondere bei Trockenhefen ratsam, sofern sich herausstellt, dass sie bei niedrigen Temperaturen nicht arbeitswillig sind.

Schnellgärverfahren

Brauereien arbeiten heute häufig mit Schnellgärverfahren, um durch schnelleren Durchsatz in der Bierproduktion Kosten zu sparen. Durch Warmgärung bis 20 °C für untergäriges Bier oder durch Druck- und Rührgärung wird die Gärzeit um etwa die Hälfte reduziert. Diese Verfahren wirken sich ungünstig auf das fertige Bier aus, weil sie beispielsweise beim Stoffwechsel der Hefe eine Steigerung von Gärnebenprodukten auslösen. Die dabei entstehenden höheren Alkohole (Fuselöle) haben schon bei so manchem Biergenießer zu unerklärlichen Kopfschmerzen auch bei kleinem Bierkonsum geführt. Bei den Schnellgärverfahren arbeitet sich die Hefe schneller ab und lässt früher in ihrer Gärleistung nach als bei kalter Gärführung. Die verschiedenen Formen dieser höheren Alkohole geben den so erzeugten Bieren unterschiedliche Geschmacksnoten, die als blumig-aufdringlich, gallig-bitter oder phenolartig umschrieben werden. Außerdem tendieren sie zu hefigen Geschmacks- und Geruchsnuancen, zu einer breiteren, unausgeglichenen Bittere, sind oft weniger vollmundig und haben schlechtere Schaumeigenschaften. Alle Schnellgärverfahren sind nach den Bioland-Braurichtlinien verboten.

Gärstadien und Gärdauer

Die Dauer der Gärung ist abhängig von der Hefeart – obergärige Hefe vergärt etwas schneller (zwei bis acht Tage) als untergärige (fünf bis zehn Tage) – und davon, welche Hefe verwendet wurde (Trocken- oder Flüssighefe). Im ersten Stadium der Gärung, das vier bis acht Stunden dauert, absorbiert die Hefe den verfügbaren Sauerstoff. Dabei wächst die Zahl der Hefezellen ständig, bis sie sich gegen Ende der Gärung um das Drei- bis Achtfache der Anstellmenge vermehrt haben, wobei die Vermehrung obergäriger Hefe stärker ist als die der untergärigen. Sobald kein Sauerstoff mehr vorhanden ist, wandelt die Hefe den Malzzucker in Alkohol und Kohlensäure um. Dabei transportiert die aufsteigende Kohlensäure Ausscheidungen aus der Würze an die Oberfläche, die sich je nach Temperatur und Hefesorte nach 4 bis 24 Stunden als cremig-weiße Schaumschicht auf der Würze

Kohlensäure und Schaum zeugen von idealer Nachgärung.

absetzt. Diese Schaumschicht, niedere Kräusen genannt, zeigt an, dass die Umwandlung im Jungbier begonnen hat, die Gärung »kommt an«. Eine rasche Angärung ist vorteilhaft, weil Infektionen oder Fehlgärungen vermieden werden. Eine gut belüftete Würze und eine ausreichende Menge aktiver Anstellhefe entzieht der Würze bereits in einem frühen Gärstadium essentielle Nährstoffe und unterdrückt ihre Konkurrenz durch Bildung von Alkohol und Kohlensäure.

Hefeflecken entfernen

Nach zwei bis drei Tagen entwickeln sich immer dickere Schaumgebirge, die aus Eiweiß, Bitterstoffen und Hefe bestehenden Kräusen, die das Jungbier vor Verunreinigungen aus der Luft schützen. Auf den Kräusen zeigen sich bald braune Flecken, die von Ausscheidungen aus der Würze stammen. Bei diesen Hefeflecken handelt es sich um stickstoffhaltige Verbindungen, Eiweißgerbstoffe, Hopfenharze, Bitterstoffe und andere Trubbestandteile. Diese Hefeflecken sollten während der Gärung täglich mit einem sterilen Löffel vorsichtig abgenommen werden. Dabei sollte

die Schaumdecke möglichst nicht zerstört werden.

Gärschaum abschöpfen

Mit abnehmendem Extraktgehalt der Würze reduziert sich auch die Hefetätigkeit. Die Kräusen fallen in sich zusammen, und bei untergärigem Bier setzt sich die Hefe nach und nach am Boden des Gärfasses ab. Bei der Obergärung setzt sich dagegen nur ein geringer Teil der Hefe in lockerer Schicht am Boden ab, der größte Teil der obergärigen Hefezellen steigt an die Oberfläche. Das Zusammenfallen der Kräusen ist ein Zeichen dafür, dass die Hauptgärung beendet ist. Das Ende der Hauptgärung wird außerdem dadurch sichtbar, dass keine Kohlensäurebläschen mehr an die Oberfläche aufsteigen. Die Bierspindel zeigt bei Bieren mit einem Stammwürzegehalt von ca. 12 Prozent jetzt einen restlichen Extraktgehalt von 4 bis 5 Prozent an.

Nach der Hauptgärung muss der Schaum von der Oberfläche geschöpft werden.

Nun wird der Schaum, bevor er auf den Boden sinken kann, mit einer sterilen Schaumkelle von der Oberfläche abgeschöpft, bis sie blank ist.

Bestimmung des Abfüllzeitpunktes

Wie bereits gesagt unterscheidet man zwischen vergärbarem und nichtvergärbarem Extraktanteil. Der nichtvergärbare Restextrakt kann von der Hefe nicht verarbeitet werden und bleibt als messbarer Anteil im Jungbier zurück. Bei einem Restextrakt von 4 bis 5 Prozent (bezogen auf ca. 12 Prozent Stammwürze) ist der vergärbare Zucker im Wesentlichen abgebaut, die Hauptgärung ist abgeschlossen.

Sobald sich das Ende der Hauptgärung abzeichnet, wird zur Bestimmung des Restextraktes eine Probe aus dem Gärfass entnommen, in den Messzylinder gegeben, auf 20 °C temperiert und der Extraktgehalt mit der Bierspindel gemessen. Vor dem Messen ist es ratsam, das Jungbier im Messzylinder kräftig zu schütteln, damit sich an der

Die Hauptgärung findet in einem Gärfass statt, in das ca. 30 Liter passen.

Bierspindel keine Kohlensäurebläschen festsetzen, die die Bierspindel nach oben treiben und das Messergebnis verfälschen können. Die Kohlensäure lässt sich auch gut entfernen, indem man die Probe vor dem Messen durch eine Kaffeefiltertüte schüttet.

Der genaue Abfüllzeitpunkt, also die Schlauchreife des Jungbieres, ist erreicht, sobald dessen Extraktgehalt 0,5 bis 1 Prozent über dem nichtvergärbaren Restextrakt liegt. Diese Differenz entspricht dem Anteil des noch vergärbaren Malzzuckers und dient einer ausreichenden Nachgärung (CO_2-Bildung) der noch aktiven Hefe in der Flasche.

Schnellvergärungsprobe

Die Schnellvergärungsprobe ist ein einfaches Verfahren zur Bestimmung des Abfüllzeitpunkts. Sie ist besonders dann hilfreich, wenn man für die in der Flasche stattfindende Nachgärung den exakten Restextraktgehalt bestimmen will, um weder einen zu hohen noch einen zu niedrigen Kohlensäuregehalt im Bier zu erzielen. Der häufigste Fehler bei Hobbybrauern, eine zu lange Hauptgärung und als Folge ein schaumarmes Bier, kann so vermieden werden.

Sobald die Hauptgärung angekommen ist, erkennbar am Schaum auf der Oberfläche, wird mit einem sterilen Bierheber eine Probe (ca. 0,25 Liter) aus dem Gärfass entnommen. Diese Probe wird in einem Messzylinder locker abgedeckt und deutlich über der Temperatur des Gärfasses, also möglichst warm (22 bis 30 °C), z. B. in der Nähe einer Heizung, stehen gelassen. Nach ein bis zwei Tagen ist der gesamte vergärbare Zucker von der Hefe zu Alkohol und Kohlendioxid abgebaut worden, und die Probe hat damit den Endvergärungsgrad erreicht. Die Würze im Gärfass benötigt wegen der niedrigeren Temperatur dagegen etwas länger. Sobald in der Probe keine CO_2-Blasen mehr aufsteigen, wird die Kohlensäure entfernt. Hierzu schütten Sie die Probe durch einen Kaffeefilter. Nun wird der unvergärbare Restextrakt (bei 20 °C) mit der Bierwürzespindel gemessen. Diesem Wert werden 0,5 bis maximal 1 Prozent Extrakt für die Kohlensäurebildung während der Nachgärung hinzugerechnet, und man erhält den exakten Spindelwert für die Bestimmung des Abfüllzeitpunktes. Mit der Schnellvergärungsprobe können Sie auch den ungefähren Alkoholgehalt Ihres Bieres bestimmen. Die Formel dafür lautet: Würzegehalt vor der Gärung minus unvergärbarer Restextrakt dividiert durch 2.

Beispiel: Der Stammwürzegehalt der Anstellwürze beträgt 11 Prozent, die endvergorene Schnellvergärungsprobe weist einen unvergärbaren Extrakt von 3 Prozent aus. Der Alkoholgehalt liegt bei ca. 4 Prozent (11 − 3 = 8:2 = 4 %), das entspricht etwa 5 Volumenprozent Alkohol.

Zugabe der Speise

Falls Sie vor dem Anstellen der Hefe 10 oder 15 Prozent der Ausschlagwürze als Speise abgefüllt haben, können Sie den Abfüllzeitpunkt nicht versäumen, sondern in gewissen Grenzen selbst bestimmen. In diesem Fall hält sich der Aufwand während der Hauptgärung in einem Minimum, da Sie sowohl auf die Schnellvergärungsprobe als auch auf das regelmäßige Spindeln der gärenden Würze zur Bestimmung des Restextraktes verzichten können. Die noch unver-

Beim Einrühren der Speise in das Jungbier ist der Einzug von Luft zu vermeiden, da jeder Sauerstoffeintrag nach der Hauptgärung zu Geschmacksfehlern durch die Bildung von Gärungsnebenprodukten (Diacetyl) führt.

gorene Speise erhöht den Extraktgehalt des Jungbieres in einem für die Nachgärung und damit zur Bildung von Kohlensäure optimalen Maß. Die Zugabe der Speise erfolgt, sobald das Bier seinen Endvergärungsgrad erreicht hat, d. h., sobald der vergärbare Zucker von der Hefe vollständig abgebaut ist. Die Entwicklung des Extraktgehaltes können Sie mit Hilfe einer in der Würze schwimmend eingesetzten Bierwürzespindel verfolgen.

Nachdem die Gärung vollständig zum Erliegen gekommen ist (Gärschaum fällt zusammen, es steigen keine Kohlensäurebläschen mehr an die Oberfläche), ist auch der Endvergärungsgrad bald erreicht – erkennbar daran, dass der Extraktgehalt nicht mehr weiter abnimmt und die Bierwürzespindel keine Veränderung mehr anzeigt. Nun können Sie die Speise zugeben und durch leichtes Rühren mit dem sterilen Braulöffel mit dem Jungbier vermischen. Sie können mit dem Abfüllen beginnen, sobald sich die Hefe nach etwa 20 Minuten wieder am Boden des Gärfasses abgesetzt hat.

Der Schaum zeigt an, dass die Gärung in Gang ist. Steigen keine CO_2 – Bläschen mehr an die Oberfläche, ist sie beendet.

Phase 7: Nachgärung und Reifung

Bei der Nachgärung wird der von der Hauptgärung verbliebene restliche Malzzucker von der noch aktiven Resthefe vergoren. Wenn Sie mit Speise gearbeitet haben, wird der darin enthaltene Zuckeranteil vergoren. Das Jungbier reichert sich während der Nachgärung unter völligem Verschluss in der Flasche mit Kohlensäure an, die für die spätere Schaumbildung und die Frische von Bedeutung ist, und reift zur geschmacklichen Vollendung aus. Während der Reifung bauen sich die bei der Hauptgärung gebildeten Gärungsnebenprodukte (Diacetyl, Aldehyde, Schwefelverbindungen) nach und nach ab. Auch die im Jungbier noch dominierende Bittere des Hopfens lässt nach, der Malzgeschmack und andere aromatische Nuancen verfeinern sich im Laufe der Zeit. Es erfolgt auch eine natürliche Klärung des Bieres: Die Hefe sinkt in dieser Zeit nach unten, zieht trübende Bestandteile wie Eiweißgerbstoffverbindungen oder Hopfenharze mit sich und lagert sich schließlich als Sediment am Flaschenboden ab. Die Nachgärung und Reifung Ihres Bieres dauert je nach Biertyp und Rezept drei Wochen bis vier Monate. Viele Brauereien geben dem Bier nicht mehr so viel Zeit für die notwendige Reifung, denn Zeit ist Geld. Darum finden nicht selten Schnellreifeverfahren wie die Warmlagerung Anwendung, statt das Bier nach traditionellen Methoden längere Zeit bei niedrigen Temperaturen ausreifen zu lassen. Dabei würde sich das Bier auch weitgehend von selbst klären, und der Einsatz von technischen Klärhilfsmitteln wäre überflüssig.

> **info**
>
> **Aldehyde:** Gärungsnebenprodukte der Bierhefe, die für den typischen unreifen Jungbiergeschmack verantwortlich sind (insbes. Acetyladehyd). Sie werden im Zuge der Nachgärung und Lagerung im Bier abgebaut.

Abfüllen (Schlauchen)

Damit bei der Nachgärung weitere Kohlensäure gebildet werden kann, müssen Sie das Jungbier in druckdicht verschließbare Behältnisse umfüllen. Hierzu sind Bügelverschlussbierflaschen am besten geeignet. Die Flaschen müssen vor dem Abfüllen gründlich gereinigt werden. Wenn Sie ganz sichergehen wollen, können Sie die Flaschen noch im

Grundsätzlich sollten Sie keine beschädigten Flaschen verwenden. Glasschäden an gebrauchten Pfandflaschen könnten zu Kohlensäureverlusten führen, weil hausgebrautes Bier meist einen höheren Druck aufbaut als Bier aus der Brauerei.

Backofen bei einer Temperatur von 110 bis 150 °C kurz sterilisieren. Sie sollten auf einem Rost liegen und weder die Backofenwände berühren noch untereinander Kontakt haben, damit Glasbruch vermieden wird. Morsche Gummis sollten Sie durch neue ersetzen, damit die Flaschen nicht undicht werden. Die Metallbügel der Flaschen müssen manchmal nachgebogen werden, damit sie genügend Druck auf die Dichtgummis ausüben können.

Zur Abfüllung eignen sich am besten Bügelverschlussflaschen.

Das Jungbier wird nun aus dem Gärfass mit Hilfe eines passenden Abfüllschlauches oder eines Flaschenabfüllrohrs mit Stopfunktion, das über den Ablaufhahn des Gärfasses geschoben wird, in die abgekühlten Flaschen gefüllt. Dieses so genannte Schlauchen sollte so schaumfrei wie möglich erfolgen. Führen Sie den Schlauch deshalb immer bis zum Boden der Flasche ein, damit Lufteintrag absolut vermieden wird und möglichst wenig Kohlensäure entweicht. Die Flaschen werden nur zu 95 Prozent gefüllt, damit etwas Luftraum zur Aufnahme des Kohlensäuredrucks bleibt, und sofort verschlossen.

Hefesatz nicht aufwirbeln

Wichtig beim Schlauchen ist außerdem, dass der Hefesatz auf dem Boden des Gärfasses nicht aufgewirbelt wird. Bei dieser Hefe handelt es sich um überwiegend tote, gärunfähige Zellen. Gelangen zu viele davon in die Flasche, übertönen sie andere Geschmackselemente des Bieres, und da sie sich zersetzen, könnte das Bier sogar einen unangenehmen Geschmack bekommen. Ein kleiner, für die Nachgärung erwünschter Teil der noch aktiven, im Jungbier schwimmenden Hefe wird beim Schlauchen automatisch mitgenommen und sorgt dafür, dass die Nachgärung in Gang kommt.

Bierflaschen

Die beste Ihnen zur Verfügung stehende Möglichkeit ist die Nachgärung in Flaschen. Gut geeignet sind Grün- oder Braunglasflaschen, die einen guten Lichtschutz bieten. Starker Lichteinfluss bewirkt im Bier nämlich einen unangenehmen Geschmack, der durch organische Reaktionen der Bitterstoffe des Hopfens entsteht. Außerdem sollten die Bierflaschen einen druckfesten Bügelverschluss haben. Kronkorkenflaschen können Sie nicht verwenden, da sie nicht entlüftet werden können. Die teilweise von den Brauereien genutzten 0,3- oder 0,5-Liter-Pfandflaschen mit Bügelverschluss sind zwar für den Hobbybrauer geeignet, erfordern erfahrungsgemäß jedoch zu viel Zeit beim Reinigen und Abfüllen. Aus diesem Grund sollten Sie den kleinen finanziellen Aufwand nicht scheuen und sich mehrere Bügelverschlussbierflaschen mit einem Liter Inhalt zulegen. Ideal und zünftiger sind die zwei oder fünf Liter fassenden Bierflaschen in alter Form (Altdeutscher Bierkrug) mit Henkel und Porzellanbügelverschluss.

Klares oder naturtrübes Bier

Weil die meisten Verbraucher angeblich ein klares Bier wünschen, setzen die Brauereien technische Klärhilfs- und Schönungsmittel wie Holzspäne aus Buchen- und Haselnussholz,

pechimprägnierte Späne, aufgeraute Aluminiumfolien, Bentonite, Perlite, Zellulose, Polyvinylpolypyrrolidon, Kieselgur oder synthetisch gewonnene Kieselsäurepräparate (Xerogele, Hydrogele) ein, um trübungsbildende Stoffe aus dem vergorenen Bier zu entfernen. Ihre Klärwirkung beruht auf der Adsorption der trübenden Bestandteile an ihrer sehr großen Oberfläche. Der größte Teil des heute produzierten Bieres wird zur Korrektur von geschmacklichen oder optischen »Mängeln« darüber hinaus mit Hilfe von Filtern und Schönungsmitteln wie Hausenblase, Kieselgur, Aktivkohle oder durch Kohlensäurewäsche filtriert und damit sozusagen einer »Geschmackswäsche« unterzogen. Mit diesen Verfahren wird das Bier in der Brauerei leider zu seinem

Polyvinylpolypyrrolidon (PVPP) ist ein synthetisches Produkt, das in der Brauerei als Bierstabilisierungsmittel eingesetzt wird. Die PVPP-Harze adsorbieren die polyphenolischen Trubsubstanzen des Bieres.

Klar oder naturtrüb? Geben Sie dem naturtrüben Bier den Vorzug, da es keine Klärhilfs- und Schönungsmittel enthält.

Nachteil verändert, weil Nährstoffe, Farb- und Geschmackskomponenten verloren gehen. Bioland-Vertragsbrauereien filtrieren ihr Bier teilweise ebenfalls, allerdings sind als Filterhilfsmittel nur Kieselgur, asbest- und PVPP-freie Materialien zugelassen. Darüber hinaus müssen Kieselgur auf Schwermetalle und textile Filter auf Pestizidgehalte untersucht werden.

Naturtrübes Bier bevorzugen

Dem Hobbybrauer ist die Ausfilterung der Trubstoffe ohne Kohlensäureverlust nicht möglich, da die Filtriermöglichkeiten einer Brauerei nicht zur Verfügung stehen und auch nicht mit Gegendruck zur Vermeidung von Kohlensäureverlusten gearbeitet werden kann. Auf dem Markt existieren zwar Klärmittel wie Tannin, Carrageen oder Isinglas, die von ausländischen Brauereien häufig eingesetzt werden, nach dem deutschen Reinheitsgebot sind diese Mittel allerdings verboten. Außerdem sind mögliche Nebenwirkungen dieser Stoffe auf die menschliche Gesundheit nicht auszuschließen. Sie sollten also auf eine Filtrierung bzw. auf den Einsatz von Klärmitteln verzichten.

Konservierung

Das Bier aus den Großbrauereien soll heutzutage möglichst lange haltbar sein, Tausende von Kilometern transportiert werden können und trotzdem an jeder Stelle der Welt gleich schmecken. Deshalb wird in vielen Brauereien die physikalisch-chemische Haltbarkeit des Bieres künstlich verlängert. Zum einen werden dazu chemisch-synthetische Stabilisierungsmittel wie Polyvinylpolypyrrolidon (PVPP), Kieselsäurepräparate und Bentonit eingesetzt, die dem Bier besonders Eiweiß und Gerbstoffe entziehen, die das Bier im Getränkehandel sonst im Laufe der Zeit verändern oder gar verderben könnten. Außerdem können mit diesen Verfahren möglicherweise über die Rohstoffe Malz und Hopfen eingeschleppte Pestizide teilweise entfernt werden, weil diese während des Brauverfahrens besonders an die Eiweißstoffe gebunden werden. Mit den verderb-

---

Ihr Selbstgebrautes wird sich während der Lagerung weitgehend selbst klären, wenn Sie es ausreifen lassen und kalt lagern. Es wird dann zwar immer noch leicht trüb sein, dafür geschmacklich ausgereifter als die meisten Industriebiere.

---

info

Ein nahrhaftes Bier war früher immer naturtrüb und ist auch heute noch vorzuziehen, weil es die wertvollen, an die Hefezellen gebundenen B-Vitamine enthält.

lichen, aber wertvollen Geschmacks-stoffen weicht aber leider auch der Biergenuss. Deshalb schmeckt das Bier aus vielen Großbrauereien oft so langweilig und uniform. Und dass man vom genormten Flaschenpils heute leicht Sodbrennen bekommt, führen nur wenige Verbraucher auf die Herstellungsbedingungen dieser Geschmacksdiktatur für Biere zurück. Zum anderen wird das Bier zur Hemmung oder Abtötung vegetativer Mikroorganismen einer Entkeimungs-filtration, Vollpasteurisierung bei 60 bis 80 °C oder einer Heißluftabfüllung bis 75 °C unterzogen.

Die natürliche Konservierung bevorzugen

Aus geschmacklichen Gründen sollten Sie als Hobbybrauer, ebenso wie die Biobrauereien, auf eine Konservierung verzichten. Eine wichtige Grundlage für eiweißstabile Biere sind hochwertige Malze (möglichst aus ökologischem Anbau) und eine lange Lagerdauer bei niedrigen Temperaturen. Zudem wirken Kohlensäure, Alkohol, niedriger pH-Wert, Hopfenbitterstoffe und kalte Lagerung als natürliche Konservierungsmittel, die

eine Entwicklung von Fremdorganismen hemmen und der biologischen Stabilität und Qualität des Bieres dienen. So wird Ihr Bier lange genug haltbar sein, obergäriges Bier mindestens drei Monate, untergäriges mindestens ein halbes Jahr – wenn es überhaupt so weit kommt, denn bekanntlich ist der Hobbybrauer der größte Feind seines Bieres und sicherlich nicht vom Ehrgeiz gepackt, einen Langzeit-Haltbarkeitsrekord zu erzielen.

Die abgefüllten Flaschen müssen stehend gelagert werden.

Reifung, Lagerung

Nach dem Schlauchen wird das Bier noch drei bis fünf Tage bei gleicher Temperatur wie während der Hauptgärung abgedunkelt stehen gelassen, damit die notwendige Bildung von Kohlensäure und der Abbau von unerwünschten Gärungsnebenprodukten (Diacetyl, Aldehyde, Schwefelverbindungen) nicht frühzeitig durch einen Temperaturschock der

Durch die Konservierung können Qualität und Geschmack eines Bieres leiden: Der frische, aromatische Geruch und Geschmack verschwindet, mitunter wirkt das Bier dann »brotig«.

Die Flaschen müssen stehend gelagert werden, damit sich die das Bier trübenden Bestandteile während der Lagerung als Sediment am Flaschenboden absetzen können.

Hefe zum Erliegen kommt. Danach wird das Bier kälter und bei möglichst konstanter Temperatur in dunkler Umgebung gelagert. Auch hier sollten Sie die Hefe nicht schlagartig auf Lagertemperatur abkühlen. Obergäriges Bier lässt man bei 10 bis 12 °C reifen, untergäriges Bier benötigt eine Lagertemperatur von 0 bis 2 °C. Diese Temperaturen sollten möglichst nicht überschritten werden, weil sich eine zu warme Lagerung nachteilig sowohl auf den Biergeschmack als auch auf die Kohlensäure- und Schaumbildung auswirkt.

Flaschen entlüften

Während der Nachgärung verarbeiten die mitgeschlauchten Heferestе den vergärbaren Restextrakt im Jungbier zu Kohlensäure. Die Nachgärung und CO_2-Bildung kann dabei mehr oder weniger intensiv verlaufen und ist abhängig davon, mit wie viel vergärbarem Restextrakt Sie das Jungbier abgefüllt haben. Wurde es beispielsweise ein wenig zu früh geschlaucht, die Hauptgärung also vorzeitig beendet, kann sich in der Flasche ein übermäßiger Druck aufbauen. Beim Öffnen der Flasche zum ersten

Besonders köstlich und erfrischend: ein frisch gezapftes Bier direkt vom Fass.

Verkosten würde das Bier dann in einem Schlag als Schaum herausschießen (Gushing genannt), sich auf dem Tisch verteilen, und die Flasche wäre leer. Im Extremfall kann die Flasche sogar explodieren.

Damit sich ein Überdruck gar nicht erst aufbaut, sollten Sie die Flaschen in den ersten Tagen nach dem Abfüllen entlüften. Dies gilt auch, wenn Sie mit Speise gearbeitet haben. Dazu öffnen Sie den Bügelverschluss ganz kurz ein wenig und schließen ihn sofort wieder. Sollte es dabei heftig zischen oder gar knallen, eventuell verbunden mit Schaumaustritt, wiederholen Sie das Lüften aller Flaschen einmal täglich so lange, bis Sie nur noch ein sanftes »Plopp« vernehmen. Danach lassen Sie das Bier in Ruhe reifen. Nach ein bis zwei Wochen sollten Sie einen eventuell erneut auftretenden Überdruck sicherheitshalber nochmals überprüfen. Dazu brauchen Sie allerdings nur eine oder zwei einzelne Flaschen als Stichprobe lüften. Natürlich dürfen Sie das Lüften der Flaschen auch nicht übertreiben, weil ansonsten zu viel Kohlensäure entweicht und das Bier schal wird.

Die erste Kostprobe

Nach der in den Rezepten angegebenen Lagerzeit (siehe Seite 80) von mehreren Wochen hat das Bier seine vollendete Reife und Klärung erreicht und ist trinkfertig. Wenn Sie es aber kaum mehr erwarten können, endlich Ihr selbst gebrautes Bier zu trinken, können Sie versuchsweise nach zwei bis vier Wochen eine erste Kostprobe nehmen. Sollte diese noch nicht zufrieden stellend ausfallen, lassen Sie das Bier noch einige Zeit weiter reifen und kosten Sie dann erneut. Oft braucht es eben mehr Zeit und Geduld, bis das Bier wirklich gut schmeckt. Aber das Warten lohnt sich. Besonders bei hellen oder stärker gehopften Bieren führt eine längere Lagerung zu einem ausgereifteren Geschmack.

Bei der gelegentlichen Verkostung des Bieres während der empfohlenen Lagerzeit können Sie miterleben, wie sich noch anfangs dominierende Geschmacksnoten innerhalb weniger Wochen verändern und verfeinern, andere sich entfalten. Der Gesamteindruck wird mit der Zeit, gegen Ende der Lagerzeit, immer harmonischer.

Als Faustregel gilt: Je Prozent Stammwürze sollte die Lagerung etwa eine Woche betragen. Denn je mehr Alkohol das Bier hat, umso länger dauert die Reifung, und je tiefer die Temperatur ist, umso langsamer verläuft die Klärung.

Was Sie sonst noch wissen sollten:

Biersteuer, Brauprotokoll, Braufehler –

und wie man sie vermeidet.

Tipps und Tricks
für Bierbrauer

Bevor Sie sich nun an die Arbeit machen und Ihr Glück probieren, noch ein paar nützliche Hinweise, um das Bierbrauen auch mit Erfolg durchführen zu können. Hinweise zu Bezugsquellen siehe Seite 94.

Die Biersteuer

In Deutschland wird die Besteuerung des Bieres im Biersteuergesetz und in der Biersteuerdurchführungsverordnung geregelt. Für den Hobbybrauer sind besonders folgende Bestimmungen wichtig:

◉ Vor der Herstellung von selbst gebrautem Bier müssen Sie zuerst das zuständige Hauptzollamt informieren, denn als Hobbybrauer unterliegen Sie der Steueraufsicht. Eine formlose Brauanzeige mit Angabe von Name, Anschrift, der beabsichtigten Biermenge und des Stammwürzegehalts reicht aus.

◉ Wenn Sie weniger als 200 Liter Bier pro Jahr herstellen und dieses Bier ausschließlich zum eigenen Verbrauch bestimmt ist, sind Sie von der Biersteuer befreit.

◉ Wenn Sie jährlich mehr als 200 Liter Bier für den eigenen Bedarf brauen, müssen Sie dagegen eine Biersteuererklärung abgeben, und zwar spätestens am siebten Tag nach Ablauf des Monats, in dem das Bier gebraut wurde. Hierfür halten die Hauptzollämter entsprechende Formulare bereit.

Rechenbeispiel

Die Höhe der abzuführenden Steuer hängt vom Stammwürzegehalt des Bieres ab. Sie beträgt nach dem Biersteuergesetz für je einen Hektoliter Bier 0,77 DM pro Grad Plato, soweit nicht mehr als 5.000 Hektoliter pro Jahr erzeugt werden. »Grad Plato ist der Stammwürzegehalt des Bieres in Gramm je 100 Gramm Bier, wie er sich nach der großen Ballingschen Formel aus dem im Bier vorhandenen Alkohol- und Extraktgehalt errechnet«, erklärt es das Biersteuergesetz. Sie können sich die Biersteuer nach dem Stammwürzegehalt und der gebrauten Biermenge leicht selbst ausrechnen. Für 20 Liter Bier mit einem Stammwürzegehalt von 12 Prozent müssen beispielsweise 1,85 DM an Steuern bezahlt werden:
0,2 hl x 12% Stammwürze x 0,77 DM = 1,85 DM

Kein Vergnügen im großen Stil ohne staatliche Abgaben. Die Biersteuer wird z. B. fällig, wenn Sie für jeden Tag im Jahr einen Liter eigenes Bier produzieren.

Das Brauprotokoll

Ein Brauprotokoll ist eine gute Hilfe, um Erfahrungen schriftlich festzuhalten, damit Sie immer wieder auf diese zurückgreifen und mit anderen vergleichen können. Es hilft Ihnen, Fehler zu erkennen und künftig Rezeptvarianten zu optimieren. Mit dem Protokoll können Sie ein positives Ergebnis nachvollziehen und damit Ihr ganz persönliches Lieblingsbier entdecken. Es ist empfehlenswert, für jeden Sud ein eigenes Protokoll zu fertigen. Den folgenden Entwurf können Sie als Kopiervorlage verwenden:

Tag des Sudes _____

Biersorte/Biertyp _____

Gewünschte Biermenge (Liter) _____

Zutaten

Schüttung   Menge

○ Pilsener Malz _____ kg

○ sonstige Malze _____ kg

_____ kg

_____ kg

○ andere Zutaten _____ kg

_____ kg

_____ kg

Hopfen

○ Art, Herkunft _____

○ Alphasäure (%) _____

○ Menge (g) _____

Bierhefe

○ Hefeart _____

○ Hefemenge (g/ml) _____

Brauwasser

○ Hauptguss (Liter) _____

○ Nachguss (Liter) _____

Phase 1 (Vorbereitungen)

Wasserhärte (°dH) _____

Restalkalität _____

pH-Wert _____

Enthärtungsverfahren _____

Phase 2 (Maischen)
(aufsteigendes Infusionsverfahren)

	Temperatur (°C)	Rast (Minuten)
Einmaischen	_____	_____
Eiweißrast	_____	_____
Maltoserast	_____	_____
1. Verzuckerungsrast	_____	_____
Jodprobe (Jodnormal ja/nein)		
2. Verzuckerungsrast	_____	_____

Phase 3 (Abläutern, Anschwänzen)

Abläutern
Zeitaufwand (Minuten) _____

Anschwänzen
Zeitaufwand (Minuten) _____

Extraktgehalt der
Pfannevollwürze (%) _____

Phase 4 (Würze kochen, Hopfenzugabe)

Kochzeit
insgesamt (Minuten) _____

Hopfenzugabe	Menge (g)	Min. nach Kochbeginn
Bitterhopfengabe	_____	_____
ggf. Aroma-hopfengabe	_____	_____

Extraktgehalt der
Ausschlagwürze (%) _____ _____

Phase 5 (Ausschlagen, Würzekühlung)

Stammwürzegehalt der
Anstellwürze (%) _____

10 % Speise
abfüllen (Liter) _____

Phase 6 (Hefe anstellen, Hauptgärung)

Temperatur der Würze (˚C) _____

Gärraumtemperatur (˚C) _____

Hauptgärung   Restextrakt (%)

nach _____ Tagen _____

nach _____ Tagen _____

Phase 7 (Nachgärung, Reifung)

Zugabe der Speise
bei Restextrakt (%) _____

Schlauchen
Datum _____

abgefüllte Menge (Liter) _____

Temperatur der
Nachgärung (˚C) _____

Lagerung (˚C) _____

Lagerzeit insges. (Wochen) _____

Ergebnis

- Farbe _____
- Schaum _____
- Vollmundigkeit _____
- Rezens _____
- Bittere _____
- Klarheit _____

Braufehler – Ursache und Vermeidung

Unter dem Begriff Rezens versteht man Geschmacks-eindruck, den die sich auf der Zunge entbindende Koh-lensäure beim Trunk ergibt (Spritzigkeit).

Mit selbst gebrautem Bier werden Sie normalerweise keine Probleme haben, soweit Sie sich hinsichtlich der Zuta-ten und der Arbeitsschritte an die Hinweise in diesem Buch gehalten haben.

Manchmal kommt es jedoch vor, dass ein Bier trotzdem keine Rezens besitzt, zu wenig oder zu viel Kohlen-säure enthält, nicht den gewünschten Schaum besitzt, zu bitter ist oder auch nicht gärt. Schütten Sie Ihr Bier aber deshalb nicht gleich weg, denn häufig kann der Fehler noch behoben werden.

Dieses Bier hat eine schöne und stabile Schaumkrone.

Bedenken Sie: Entstandene Fehler haben häufig mehrere Ursachen oder sind kombiniert mit der Auswahl oder Qualität der Braurohstoffe.

Daneben spielen die hygienischen Bedingungen eine wichtige Rolle. Eine restlose Keimfreiheit ist beim Bierbrauen natürlich nicht notwendig und auch nicht möglich. Doch unsau-bere Braugeräte und nicht mit kochendem Wasser sterilisierte Uten-silien, die nach dem Hopfenkochen eingesetzt werden, begünstigen eine Kontamination des Bieres mit uner-wünschten Mikroorganismen. Zu die-sen Bierschädlingen gehören insbe-sondere Milchsäurebakterien und Wildhefen. Aber auch ein möglicher-weise durch Mikroorganismen konta-miniertes Bier führt zu keinen gesundheitlichen Schäden, denn krankheitserregende Keime können sich durch die Wirkung von Alkohol, Kohlensäure, Hopfenbitterstoffen, niedrigem pH-Wert und niedriger Lagertemperatur nicht entwickeln. Die folgende Übersicht zeigt die möglichen Ursachen von Braufehlern und Biermängeln sowie deren Ver-meidung oder – soweit dies noch möglich ist – deren Beseitigung.

Ursache und Vermeidung von Braufehlern und Biermängeln

Fehler/Mangel	Ursache	Vermeidung/Beseitigung des Fehlers
Kohlensäure		
Zu viel Kohlensäure	Hauptgärung war noch nicht abgeschlossen, es wurde mit zu hohem Restextrakt abgefüllt.	Mit geringerem Restextrakt abfüllen. Schnellvergärungsprobe durchführen. Flaschen vorsichtig mehrfach entlüften. Bier sehr kalt lagern.
	Würze oder Bier kamen mit Metallen in Berührung.	Keine Alu- oder andere Metalltöpfe und -geräte verwenden, nur Edelstahl und Emaille.
Zu wenig Kohlensäure	Hauptgärung wurde zu lange ausgedehnt, dadurch war zu wenig vergärbarer Restextrakt für die Nachgärung vorhanden.	Genauere Spindelprobe und Schnellvergärungsprobe durchführen. Mit Speise arbeiten. Malzextraktpulver (max. 70 g/10 l Bier) und etwas untergärige Trockenhefe in die Flasche geben. Den Sud mit anderem Bier mit ausreichender Kohlensäure verschneiden.
	Beim Schlauchen ging zu viel Kohlensäure verloren.	Abfüllschlauch bis zum Flaschenboden einführen, langsamer abfüllen oder Abfüllrohr benutzen.
	Nachgärung zu früh bei sehr niedriger Temperatur.	Bier für die ersten Tage der Nachgärung bei Zimmertemperatur lagern.
	Nachgärung zu kurz oder zu warm.	Kältere und längere Nachgärung.
	Nachgärung mit zu viel Hefe.	Vor dem Schlauchen die Gärdecke abschöpfen. Beim Schlauchen das Gärgefäß nicht bewegen und weniger Bodensatz mitschlauchen.
	Flaschendichtgummi undicht.	Dichtgummis der Flaschen erneuern.
	Reinigungsmittelreste in der Flasche.	Flaschen gründlicher nur mit Wasser ausspülen.
	Flasche wurde zu lange oder zu häufig gelüftet.	Malzextraktpulver (max. 70 g/10 l Bier) und etwas untergärige Trockenhefe in die Flasche geben.
Schaum		
Zu wenig Schaum oder Schaum nicht stabil		Siehe auch »zu wenig Kohlensäure«.
	Eiweißgehalt des Gerstenmalzes zu gering.	Der Schüttung etwas Weizenmalz oder Karamellmalz zugeben.
	Einmaischtemperatur war zu gering.	Einmaischtemperatur erhöhen.
	Eiweißrast war zu lang.	Eiweißrast verkürzen, ggf. Alpha-Amylase verlängern. Klarer abläutern.

Ursache und Vermeidung von Braufehlern und Biermängeln

Fehler/Mangel	Ursache	Vermeidung/Beseitigung des Fehlers
Zu wenig Schaum oder Schaum nicht stabil	Hopfen war zu alt, Menge zu gering.	Qualitätshopfen benutzen, stärker hopfen.
	Würze wurde zu lange gekocht, dadurch wurde zu viel Stickstoff ausgefällt.	Kochzeit genauer einhalten.
	Mangelhafte Heißtrubentfernung.	Heißtrub sorgfältiger ausschlagen (feinere Filter).
	Zu warme Hauptgärung.	Gärtemperatur einhalten.
	Träge Haupt- und Nachgärung.	Siehe »Gärung«.
	Bier wurde zu warm gelagert.	Bier kälter lagern und trinken.
Geruch, Geschmack		
Fremdartig (z. B. säuerlich, blumig, gallig, ranzig)	Bakterielle Infektion des Bieres infolge mangelnder Hygiene.	Brauutensilien sorgfältig reinigen, nach dem Kochen keimfrei arbeiten.
	Bakterielle Infektion infolge schleppender Angärung und zu warmer Gärtemperatur.	Hefemenge erhöhen. Würze vor dem Anstellen gründlicher belüften. Gärtemperatur einhalten.
Hefig	Verzögerte Angärung, träge Gärung.	Siehe »Gärung«.
	Vorzeitig zum Stillstand gekommene Nachgärung.	Bier für die ersten Tage der Nachgärung bei Zimmertemperatur lagern. Temperaturschock bei der Nachgärung vermeiden, langsames Abkühlen vor der Lagerung.
	Zu warme Lagerung.	Bier bei geringerer Temperatur lagern.
Butterartig (Diacetyl)	Schleppende Nachgärung.	Mit mehr Hefe schlauchen. Langsames Abkühlen vor der Lagerung. Restextrakt erhöhen.
	Lufteinzug beim Schlauchen.	Flaschenabfüllrohr verwenden.
Hopfenbitter	Hopfenmenge war zu groß.	Hopfenmenge reduzieren, weicheres Wasser verwenden. Bier länger lagern.
	Der Alphasäuregehalt des Hopfens wurde nicht berücksichtigt.	Hopfenmenge anhand der Alphasäure und der Bitterstoffeinheiten berechnen.
Gerbstoffbitter	Zu hartes Brauwasser.	Wasser enthärten.
	Zu langes Maischverfahren.	Maischzeiten genauer einhalten.
	Alter und/oder falsch gelagerter Hopfen.	Hopfen luftdicht und kalt lagern. Qualitätshopfen verwenden.
Eiweißbitter	Zu knappes Maischverfahren.	Maischzeiten genauer einhalten.

Ursache und Vermeidung von Braufehlern und Biermängeln

Fehler/Mangel	Ursache	Vermeidung/Beseitigung des Fehlers
Eiweißbitter	Ungenügende Würzekochung.	Kochzeit einhalten und sprudelnd kochen.
	Mangelhafte Heißtrubabscheidung.	Feinere Filter verwenden.
Hefebitter	Träge Hauptgärung.	Siehe »Gärung«.
	Vorzeitig zum Stillstand gekommene Nachgärung.	Bier für die ersten Tage der Nachgärung bei Zimmertemperatur lagern.
Breite Bittere	Gärdecke durchgefallen, untergewaschen.	Gärschaum vor dem Schlauchen abschöpfen.
	Autolyse der Hefe infolge Nahrungs-mangel.	Abschluss der Hauptgärung genauer beobachten, rechtzeitig schlauchen.
Gärung		
Gestört	Hefegabe zu gering.	Hefemenge erhöhen. Trockenhefe früher aktivieren.
	Hefe überaltert oder unbrauchbar.	Mit Hefe steril arbeiten und nicht überlagern.
	Hefe infolge einer zu heißen Anstellwürze abgetötet.	Anstelltemperatur einhalten. Sud abfiltern, auf-kochen, abkühlen, mit neuer Hefe anstellen.
Verzögert, träge	Anstelltemperatur zu niedrig oder Gärtemperatur schwankte zu sehr.	Gärtemperatur konstant einhalten.
	Würze enthielt zu wenig Sauerstoff (kahle Stellen in der Gärdecke).	Würze vor dem Anstellen gründlich belüften. Gärfass nicht luftdicht verschließen.
	Würze enthielt zu viele Trubstoffe, (Schmiergärung).	Heißtrub sorgfältiger ausschlagen, feinere Filter verwenden.
	Maltoserast verlief über 65 °C und erzeugte wenig vergärbaren Zucker.	Rasttemperatur genauer einhalten. Hauptgärung Malzextraktpulver zugeben.
Biertrübung		
Hefetrübung	Es wurde zu viel Hefe mitgeschlaucht.	Beim Schlauchen Gärgefäß nicht bewegen, weni-ger Bodensatz schlauchen. Lagerzeit verlängern.
Eiweißtrübung	Nachgusswasser zu heiß.	Nachguss nicht über 78 °C erwärmen.
	Kochzeit zu kurz oder Abkühlphase zu lang.	Würze länger kochen und schneller kühlen. Lagerzeit verlängern.
Kleistertrübung	Unverzuckerte, unlösliche Dextrine.	Alpha-Amylase präziser durchführen.
Kältetrübung	Diese Eiweiß-Kältetrübung ist unschädlich.	Verschwindet bei leichter Erwärmung des Bieres.

Das passende Bier für jeden Geschmack.

Köstliche Rezepte von Alt- bis Weizenbier,

die auch eigene Kreationen zulassen.

Die 14 *wichtigsten* Bierrezepte

Alle folgenden Rezepte beziehen sich auf eine Biermenge von etwa 20 Liter fertiges Bier. Neben Rezepten für bekannte deutsche Biere sind auch einige traditionelle Biere des Auslands vertreten, deren Nachbrau für viele Hobbybrauer sicherlich reizvoll ist.

Das Gefühl für das Brauen bekommen

Im Laufe der Zeit, wenn Sie einige Biere nach diesen Rezepten gebraut haben, werden Sie sich vermutlich immer weniger an diese halten und eigene Bierkreationen entwickeln wollen. Ein großer Vorteil des Selberbrauens besteht schließlich darin, den Biergeschmack nach den individuellen Vorlieben beeinflussen zu können. Aus diesem Grund verstehen sich die in den folgenden Bierrezepten angegebenen Zutaten, Mengen und Daten auch nur als ungefähre Richtschnur, weil andere Faktoren vor Ort mitspielen, die diese Angaben verändern können. Und auch der Brauvorgang muss nicht bei jedem Schritt haargenau entsprechend den sieben beschriebenen Phasen erfolgen, sondern kann vielmehr den

jeweiligen Bedingungen angepasst und variiert werden. Bei allen in den Rezepten genannten Zutaten müssen Sie sich nicht penibel an die Vorgaben halten. Sie können durchaus mit verschiedenen Zusammenstellungen experimentieren und sich so an Ihren persönlichen Lieblingsgeschmack heranarbeiten. Achten Sie aber grundsätzlich auf qualitativ hochwertige Braurohstoffe, am besten aus dem ökologischen Anbau.

Die in den Rezepten angegebene Bezeichnung des Biertyps (Pils, Alt, Kölsch, Weizen usw.) ist lediglich als Orientierung insbesondere hinsichtlich der Geschmacksrichtung zu verstehen. Sie sollten daher nicht erwarten, ein Ihnen unter dieser Bezeichnung bekanntes Bier identisch nachbrauen zu können. Die Braubedingungen zu Hause sind nun einmal nicht die gleichen wie in einer Brauerei. Darum wird Ihr selbst gebrautes Bier wohl auch etwas anders, aber keinesfalls schlechter schmecken als ein gekauftes. Die erste Kostprobe ist deshalb immer spannend, weil man vorher nie ganz genau weiß, welche Geschmacksfeinheiten herauskommen.

Die 14 folgenden Bierrezepte sind für 20 Liter fertiges Bier konzipiert.

Pils

Untergärig
Stammwürze: 12 %
Hopfenbittere: 45 BE

Zutaten: 4,3 kg Pilsener Malz / 80–200 g Sauermalz (je nach Wasserhärte) / 60 g Hopfenpellets, Typ 90, 7,5 % Alphasäure / 50 ml Pilsener Flüssighefe / 9 g Braugips

Brauvorgang:

Hauptguss	16 Liter, 40 °C
Einmaischtemperatur	35 °C
Eiweißrast	15 Minuten, 50 °C
Maltoserast	60 Minuten, 65 °C
Verzuckerungsrast	
1. Verzuckerung:	15 Minuten, 72 bis 74 °C
2. Verzuckerung:	5 Minuten, 78 °C
Nachguss	14 Liter
Würze kochen	90 Minuten
Hopfenzugabe	40 g 5 Minuten nach Kochbeginn, 20 g 5 Minuten vor Kochende
Hauptgärung	1. Tag 14 bis 16 °C, dann 4 bis 11 °C
Lagerung	2 Wochen bei 8 bis 12 °C, dann 4 bis 10 Wochen bei 0 bis 8 °C

Lager hell

Untergärig
Stammwürze: 11 bis 12 %
Hopfenbittere: 22 BE

Zutaten: 4 kg Pilsener Malz / 1 kg Weizenmalz hell / 100–250 g Sauermalz (je nach Wasserhärte) / 400 g Maisflocken (ab Verzuckerungsrast zugeben) / 25 g Hopfenpellets, Typ 90, 7,5 % Alphasäure / 50 ml Pilsener Flüssighefe / 10 g Braugips

Brauvorgang:

Hauptguss	16 Liter, 55 °C
Einmaischtemperatur	52 °C
Eiweißrast	20 Minuten, 50 bis 53 °C
Maltoserast	30 bis 50 Minuten, 60 bis 62 °C
Verzuckerungsrast	15 bis 30 Minuten, 73 bis 76 °C
Nachguss	14 Liter
Würze kochen	75 Minuten
Hopfenzugabe	10 Minuten nach Kochbeginn
Hauptgärung	5 bis 12 °C
Lagerung	4 bis 8 Wochen bei 4 bis 8 °C

Märzen dunkel

Untergärig
Stammwürze: 13 %
Hopfenbittere: 22 BE

Zutaten: 3 kg Münchner Malz / 2 kg Pilsener Malz / 100 g Karamellmalz / 20 g Farbmalz (ab 2. Verzuckerung zugeben) / 100–250 g Sauermalz (je nach Wasserhärte) / 34 g Hopfenpellets, Typ 90, 7,5 % Alphasäure / 50 ml Pilsener Flüssighefe / 10 g Braugips

Brauvorgang:

Hauptguss	14 Liter, 55 °C
Einmaischtemperatur	50 °C
Eiweißrast	20 Minuten, 53 °C
Maltoserast	40 Minuten, 63 bis 65 °C
Verzuckerungsrast	
1. Verzuckerung	40 Minuten, 72 bis 73 °C
2. Verzuckerung	40 Minuten, 78 °C
Nachguss	17 Liter
Würze kochen	75 Minuten
Hopfenzugabe	24 Gramm 5 Minuten nach Kochbeginn, 10 Gramm 5 Minuten vor Kochende
Hauptgärung	4 bis 12 °C
Lagerung	10 Tage bei 10 °C, dann 2 bis 4 Monate bei 0 bis 6 °C

Bockbier hell

Untergärig
Stammwürze: 16 bis 18 %
Hopfenbittere: 35 BE

Zutaten: 6 kg Wiener Malz / 200 g Weizenmalz hell / 120–300 g Sauermalz (je nach Wasserhärte) / 46 g Hopfenpellets, Typ 90, 7,5 % Alphasäure / 50 ml Pilsener Flüssighefe / 10 g Braugips

Brauvorgang:

Hauptguss	18 Liter, 55 °C
Einmaischtemperatur	50 °C
Eiweißrast	20 bis 30 Minuten, 55 °C
Maltoserast	60 Minuten, 62 bis 64 °C
Verzuckerungsrast	
1. Verzuckerung	30 bis 40 Minuten, 72 bis 74 °C
2. Verzuckerung	15 bis 30 Minuten, 75 bis 78 °C
Nachguss	13 Liter (langsam abläutern)
Würze kochen	90 Minuten
Hopfenzugabe	34 Gramm 10 Minuten nach Kochbeginn, 12 Gramm 10 Minuten vor Kochende
Hauptgärung	8 bis 10 °C
Lagerung	2 Wochen bei 8 bis 10 °C, dann 3 bis 4 Monate bei 2 °C

Doppelbock dunkel

Untergärig
Stammwürze: 18 %
Hopfenbittere: 32 BE

Zutaten: 2 kg Pilsener Malz / 4 kg Münchner Malz / 600 g Karamellmalz / 120 g Farbmalz (ab Verzuckerungsrast zugeben) / 130–330 g Sauermalz (je nach Wasserhärte) / 32 g Hopfenpellets, Typ 90, 7,5 % Alphasäure / 50 ml Pilsener Flüssighefe / 10 g Braugips

Brauvorgang:

Hauptguss	15 Liter, 40 °C
Einmaischtemperatur	35 °C
Eiweißrast	30 Minuten, 50 °C
Maltoserast	60 Minuten, 65 °C
Verzuckerungsrast	20 Minuten, 78 °C
Nachguss	17 Liter
Würze kochen	90 Minuten
Hopfenzugabe	10 Minuten nach Kochbeginn
Hauptgärung	5 bis 10 °C (gut belüften)
Lagerung	3 bis 4 Monate

Altbier

Obergärig
Stammwürze: 12 %
Hopfenbittere: 50 BE

Zutaten: 2 kg Wiener Malz / 2 kg Münchner Malz / 500 g Karamellmalz / 500 g Weizenmalz hell / 50 g Farbmalz (ab Verzuckerungsrast zugeben) / 100–250 g Sauermalz (je nach Wasserhärte) / 64 g Hopfenpellets, Typ 90, 7,5 % Alphasäure / 50 ml Altbier-Flüssighefe / 10 g Braugips

Brauvorgang:

Hauptguss	14 Liter, 55 °C
Einmaischtemperatur	50 bis 52 °C
Eiweißrast	15 bis 30 Minuten, 47 bis 55 °C
Maltoserast	30 bis 60 Minuten, 62 bis 66 °C
Verzuckerungsrast	30 bis 40 Minuten, 72 bis 74 °C
Nachguss	17 Liter
Würze kochen	90 Minuten
Hopfenzugabe	48 Gramm 10 Minuten nach Kochbeginn, 16 Gramm 10 Minuten vor Kochende
Hauptgärung	17 bis 20 °C
Lagerung	3 bis 12 Wochen bei 4 bis 7 °C

Kölsch

Obergärig

Stammwürze: 12 %

Hopfenbittere: 30 BE

Zutaten: 3,8 kg Pilsener Malz / 700 g Weizen-malz hell / 90–220 g Sauermalz (je nach Wasser-härte) / 30 g Hopfenpellets, Typ 90, 7,5 % Alphasäure / 50 ml Kölsch-Flüssighefe / 10 g Braugips

Brauvorgang:

Hauptguss	15 Liter, 45 °C
Einmaischtemperatur	40 °C
Eiweißrast	30 Minuten, 50 °C
Maltoserast	60 Minuten, 66 °C
Verzuckerungsrast	10 Minuten, 78 °C
Nachguss	16 Liter
Würze kochen	90 Minuten
Hopfenzugabe	10 Minuten nach Koch-beginn
Hauptgärung	18 bis 23 °C
Lagerung	3 Tage bei 23 °C, dann 4 bis 12 Wochen bei 5 bis 10 °C

Weizenbier hell

Obergärig

Stammwürze: 11 bis 12 %

Hopfenbittere: 18 BE

Zutaten: 2 kg Pilsener Malz / 3 kg Weizenmalz hell / 100–250 g Sauermalz (je nach Wasserhär-te) / 400 g Maisflocken (ab Verzuckerungsrast zugeben) / 24 g Hopfenpellets, Typ 90, 7,5 % Alphasäure / 50 ml Weihenstephan-Weizenbier-Flüssighefe / 9 g Braugips

Brauvorgang:

Hauptguss	17 Liter, 45 °C
Einmaischtemperatur	35 bis 45 °C
Eiweißrast	je 10 Minuten bei 45, 48, 53 °C
Maltoserast	30 Minuten, 63 bis 65 °C
Verzuckerungsrast	
1. Verzuckerung	30 Minuten, 71 bis 72 °C
2. Verzuckerung	15 Minuten, 76 °C
Nachguss	14 Liter (langsam abläutern)
Würze kochen	90 Minuten
Hopfenzugabe	18 Gramm 10 Minuten nach Kochbeginn, 6 Gramm 15 Minuten vor Kochende
Hauptgärung	15 bis 22 °C
Lagerung	3 bis 4 Tage bei 10 bis 12 °C, dann 3 bis 10 Wochen bei 4 bis 8 °C

Weizenbier dunkel

Obergärig
Stammwürze: 12 bis 13 %
Hopfenbittere: 15 BE

Zutaten: 3 kg Pilsener Malz / 2 kg Weizenmalz dunkel / 200 g Karamellmalz / 250 g Weizenfarb-malz (ab 2. Verzuckerung zugeben) / 100–270 g Sauermalz (je nach Wasserhärte) / 20 g Hopfen-pellets, Typ 90, 7,5 % Alphasäure / 50 ml Weihen-stephan-Weizenbier-Flüssighefe / 11 g Braugips

Brauvorgang:

Hauptguss	14 Liter, 45 °C
Einmaischtemperatur	35 bis 40 °C
Eiweißrast	je 10 Minuten bei 43, 48, 53 °C
Maltoserast Verzuckerungsrast	40 Minuten, 65 °C
1. Verzuckerung	30 Minuten, 72 °C
2. Verzuckerung	20 Minuten, 76 bis 78 °C
Nachguss	17 Liter (langsam abläutern)
Würze kochen	100 Minuten
Hopfenzugabe	14 Gramm 15 Minuten nach Kochbeginn, 6 Gramm 15 Minuten vor Kochende
Hauptgärung	15 bis 20 °C
Lagerung	5 Tage bei 10 bis 15 °C, dann 4 Wochen bei 8 °C

Roggenbier

Obergärig
Stammwürze: 12 %
Hopfenbittere: 18 BE

Zutaten: 3,2 kg Pilsener Malz / 300 g Karamell-malz / 900 g Roggenmalz / 80–220 g Sauermalz (je nach Wasserhärte) / 24 g Hopfenpellets, Typ 90, 7,5 % Alphasäure / 7 g obergärige Trocken-hefe / 10 g Braugips

Brauvorgang:

Hauptguss	14 Liter, 45 °C
Einmaischtemperatur	40 °C
Eiweißrast	15 Minuten, 55 °C
Maltoserast Verzuckerungsrast	30 Minuten, 65 °C
1. Verzuckerung	30 Minuten, 72 °C
2. Verzuckerung	30 Minuten, 78 °C
Nachguss	17 Liter
Würze kochen	90 Minuten
Hopfenzugabe	18 Gramm 10 Minuten nach Kochbeginn, 6 Gramm 15 Minuten vor Kochende
Hauptgärung	20 °C
Lagerung	3 bis 4 Tage bei 12 °C, dann 3 bis 10 Wochen bei 8 °C

Pale Ale

Obergärig

Stammwürze: 12 %

Hopfenbittere: 32 BE

Zutaten: 3,4 kg Pilsener Malz / 200 g Karamell-malz / 70–180 g Sauermalz (je nach Wasserhär-te) / 600 g Malzextrakt (ungehopft) / 200 g Gerstenflocken (vorverkleistert) / 200 g Mais-flocken (vorverkleistert) / 32 g Hopfenpellets, Typ 90, 7,5 % Alphasäure / 50 ml Englische Ale-Flüssighefe / 10 g Braugips

Brauvorgang:

Hauptguss	16 Liter, 55 °C
Maischen	ca. 25 Minuten, 44 °C
Eiweiß- und	
Maltoserast	90 Minuten, 67 °C,
	danach Gersten- und
	Maisflocken zugeben
Verzuckerungsrast	5 Minuten, 78 °C
Nachguss	15 Liter
Würze kochen	90 Minuten
Hopfenzugabe	10 Minuten nach Koch-beginn, zusammen mit dem Malzextrakt
Hauptgärung	15 bis 20 °C
Lagerung	4 bis 12 Wochen bei 8 bis 10 °C

Englischer Porter

Obergärig

Stammwürze: 13 %

Hopfenbittere: 38 BE

Zutaten: 4 kg Wiener Malz / 300 g Karamell-malz / 80-210 g Sauermalz (je nach Wasser-härte) / 200 g Farbmalz (nach dem Maischen zugeben) / 200 g Lakritz (nach Kochbeginn zu-geben) / 52 g Hopfenpellets, Typ 90, 7,5 % Alphasäure / 50 ml Englische Ale-Flüssighefe / 10 g Braugips

Brauvorgang:

Hauptguss	15 Liter, 70 °C
Maischen	75 Minuten, 67 bis 68 °C
Nachguss	16 Liter
Würze kochen	90 Minuten
Hopfenzugabe	38 Gramm 5 Minuten nach Kochbeginn, 14 Gramm 5 Minuten vor Kochende
Hauptgärung	18 bis 22 °C
Lagerung	7 bis 13 Wochen bei 6 bis 12 °C

Irisches Schwarzbier (Dry Stout/Guinness)

Obergärig

Stammwürze: 14 %

Hopfenbittere: 60 BE

Zutaten: 5 kg Pilsener Malz / 200 g Karamell-malz / 300 g Farbmalz / 110–270 g Sauermalz (je nach Wasserhärte) / 1 kg Gerstenflocken (vor-verkleistert) / 86 g Hopfenpellets, Typ 90, 7,5 % Alphasäure / 50 ml Irische Ale-Flüssighefe / 10 g Braugips

Brauvorgang:

Hauptguss	15 Liter, 57 °C
Einmaischtemperatur	52 °C
Eiweißrast	20 Minuten, 52 °C
Maltoserast	60 bis 90 Minuten, 63 °C
Verzuckerungsrast	
1. Verzuckerung	40 Minuten, 74 °C, danach Farbmalz und Gerstenflocken zugeben
2. Verzuckerung	10 Minuten, 78 °C
Nachguss	16 Liter
Würze kochen	75 Minuten
Hopfenzugabe	64 Gramm nach Koch-beginn, 22 Gramm vor Kochende
Hauptgärung	15 bis 22 °C
Lagerung	7 bis 14 Wochen bei 2 bis 11 °C

Belgisches Ale

Obergärig

Stammwürze: 12 %

Hopfenbittere: 26 BE

Zutaten: 3,2 kg Pilsener Malz / 1,2 kg Wiener Malz / 40 g Farbmalz (ab Verzuckerungsrast zugeben) / 80–220 g Sauermalz (je nach Was-serhärte) / 26 g Hopfenpellets, Typ 90, 7,5 % Alphasäure / 50 ml Belgian-Ale-Flüssighefe / 9 g Braugips

Brauvorgang:

Hauptguss	17 Liter, 45 °C
Einmaischtemperatur	38 °C
Eiweißrast	30 Minuten, 50 °C
Maltoserast	60 Minuten, 67 °C
Verzuckerungsrast	10 Minuten, 78 °C
Nachguss	14 Liter
Würze kochen	90 Minuten
Hopfenzugabe	10 Minuten nach Koch-beginn
Hauptgärung	18 bis 22 °C
Lagerung	4 bis 12 Wochen bei 5 bis 10 °C

Lexikon der Fachbegriffe

Aktivkohle Ein aus Steinnussschalen, Knochen oder Hölzern hergestelltes Klärhilfsmittel, insbesondere zur Geschmacksverbesserung und Aufhellung von Bier. Es kann mit Nebenwirkungen wie Schaumverlust gerechnet werden.

Alkalität Reaktion als Lauge (Säureverbrauch, Säurebindungsvermögen). Beim Bierbrauen wirkt sich die Alkalität durch die säurevernichtende Wirkung der Karbonathärte des Brauwassers (Hydrogenkarbonat verbraucht säurebildende Wasserstoffionen) in Maische und Würze negativ aus.

Aminosäuren Organische Säuren, die Stickstoff enthalten. Kleinste, wichtigste Bausteine der Eiweißstoffe.

Amylasen Enzyme, die Malzstärke zu Zucker abbauen. Die Beta-Amylasen spalten die Stärke von den Enden der Stärkeketten her auf und liefern von Beginn an kleine Bruchstücke, die überwiegend als vergärbare Maltose in Lösung gehen. Die Alpha-Amylasen spalten die großen verkleisterten Stärkemoleküle von der Mitte her vollständig auf, um sie in der Bierwürze zu verflüssigen; es bilden sich überwiegend nichtvergärbare, längerkettige Zuckermoleküle (Dextrine).

Amylum Das von besonderen pflanzlichen Zellorganen (Amyloplasten) durch Assimilation gebildete Polysaccharid Stärke. Besteht als im Stärkekorn abgelagerte Reservestärke aus Amylopektin und Amylose. Ist nutzbar durch Amylasen erfolgenden Abbau und stellt die wichtigste Kohlenhydratquelle der Nahrung dar.

Azidität Säuregrad oder Säuregehalt einer Flüssigkeit.

Bentonit Stark aufquellende Aluminiumsilikate mit selektiver Adsorptionsfähigkeit. In der Brauerei werden sie als Trägerstoff für die Eiweißstabilisierung eingesetzt.

Bikarbonate Synonym für Hydrogenkarbonat. Salze der Kohlensäure.

Bittere Der vom Hopfen bestimmte leicht bittere Geschmack des Bieres.

Blausäure(HCN) Außerordentlich giftig, sie verhindert durch Blockierung eines Atmungsenzyms im Blut den Sauerstofftransport aus dem Hämoglobin in die Gewebe und führt zu rascher Erstickung.

Carbamate Salze der Carbaminsäure(H_2N-COOH), die im Stoffwechsel des Stickstoffs auftritt. Insektizid, z. B. Aprocarb, Methiocarb. Sind auch für den menschlichen Organismus sehr giftig.

Carrageen Auch bekannt als Agar-Agar, Irisch Moos, Isländisch Moos, Perlmoos. Aus Rotalgen gewonner Stabilisator (Klär- und Bindemittel), von ausländischen Brauereien als Klärmittel eingesetzt. Nach dem Reinheitsgebot verboten. Mögliche Nebenwirkungen: Behinderung der Aufnahme von Mineralstoffen (z. B. Kalium), in Einzelfällen allergieauslösend.

Chlor(Cl) Ein den Halogenen zugehöriges Element. Als molekulares Cl_2 ein schweres, gelbgrünes, erstickend riechendes Gas, das Körpergewebe infolge Salzsäure- und Sauerstofffreisetzung verätzt (schwere Lungenschäden).

Chloramin (NH_2Cl) Desinfektionsmittel in der Brauerei zur Reinigung von Flaschen. Siehe Chlorierung.

Chlorate Salze der Chlorsäure ($HClO_3$). Einsatz als Totalherbizid.

Chlorierung Wasseraufbereitung mit elementarem Chlor durch Einleiten von Chlorgas oder durch

Zusatz chlorhaltiger Verbindungen (Chlorkalk, Hypochlorid, Chloramin, Chlordioxid), wobei die eigentliche Desinfektion durch das Freisetzen aktiven Sauerstoffs erfolgt. Anschließend Neutralisation des Chlors mittels Natriumsulfit oder Aktivkohle. Bei der Chlordesinfektion können gesundheitsschädliche Chlor- bzw. Halogenkohlenwasserstoffe (Trihalogenmethane) sowie anorganische Schadstoffe (Chlorit, Chlorat) entstehen.

Chlorite Salze der chlorigen Säure ($HClO_2$). Siehe Chlorierung.

Chlorkalk (Bleichkalk) Enthält 25–36% lose gebundenes Chlor.

Chlorierte Kohlenwasserstoffe (CKW). Organische Verbindungen aus Kohlenstoff, Wasserstoff und Chlor. Sie wurden hauptsächlich als Insektizide eingesetzt, sind schwer abbaubar und reichern sich in der Nahrungskette sowie im menschlichen Organismus an. Zahlreiche CKW sind für das Zentralnervensystem toxisch, leberschädigend, Krebs erregend und stehen im Verdacht, erbgutverändernd zu wirken.

Cytasen Siehe Enzyme.

Dextrine (Stärkekleister) Ein Polysaccharidgemisch, das aus Oligo- und Polymeren der Glukose besteht. Beim Maischen wird Dextrin durch das Alpha-Amylase-Enzym gebildet.

Dextrose Siehe Glukose.

Diastase Ein Enzym (Sammelbezeichnung für Amylasen), das Kohlenhydrate aufspaltet, also die Umwandlung der Stärke im Malz in gärungsfähigen Zucker bewirkt.

2,4-Dichlorphenoxiessigsäure Herbizid mit hormonaler Wirkung. Führt zu Übelkeit, Erbrechen, Gelenkschmerzen, Leber- und Nierenschäden. Von den USA in Vietnam zusammen mit dem Dioxin enthaltenden Stoff 2,4,5-Trichlorphenoxiessigsäure als Entlaubungsmittel eingesetzt (Agent Orange).

Disaccharid Kohlenhydrat. Ein aus zwei Monosaccharidmolekülen bestehender Zucker (z. B. Maltose, Melibiose, Laktose).

Dithiocarbamate In Hopfenkulturen verwendete Pestizide mit folgenden Wirkstoffen: Amitraz (Akarizid), Cynamid (Herbizid), Pymetrozin (Insektizid), Fenarimol, Maneb, Metiram, Propineb, Vinclozolin (Fungizide).

EBC European Brewery Convention. Allgemein gültige Richtwerte, die z. B. für Messmethoden (Bitterstoffgehalt, Bierfarbe) in Brauereien angewendet werden.

Enzyme (Fermente) Hochmolekulare Eiweißstoffe, die als Biokatalysatoren innerhalb bestimmter Temperaturbereiche chemische Prozesse auslösen oder beschleunigen, wobei sie selbst unverändert bleiben. Amylasen bauen die Stärke (Amylose) zu vergärbarer Maltose ab, Proteinasen sind nötig für den Abbau der Proteine zu einfacheren Verbindungen, Glucanasen zum Abbau der Gummistoffe, Phosphatasen zur Auflösung der Phosphorsäure, Lipasen zum Lipidabbau, Cytasen zur Auflösung der Zellwände.

Ester Chemische Verbindung, die aus Säuren und Alkoholen unter Wasserabspaltung entsteht.

Fruktose (Fruchtzucker) Durch Hefe vergärbares Monosaccharid.

Fungizide Pflanzenschutzmittel zur Bekämpfung parasitärer Pilze und unerwünschter Mikroorganismen. Früher wurden hauptsächlich hochgiftige Schwermetallsalze eingesetzt. Heute jedoch sind es vor allem organische Phosphorsäureester, chlorierte Kohlenwasserstoffe und organische Quecksilberverbindungen.

Galaktose Monosaccharid, kommt vor in Oligo- und Polysacchariden (Laktose, Raffinose).

Gärung Bei der Gärung des Bieres wird mit Hilfe der Hefe vergärbarer Zucker in gleiche Teile Alkohol und Kohlensäure sowie weitere Nebenprodukte zerlegt. In der Bierwürze liegen an für die Hefe verwertbaren Kohlenhydraten die Hexosen Glukose und Fruktose, die Disaccharide Saccharose und Maltose und das Trisaccharid Maltotriose vor. Niedere und höhere Dextrine werden von der Hefe nicht vergoren.

Gerüstsubstanzen Bestandteile pflanzlicher Zellwände, hauptsächlich Zellulose, Hemizellulose, Lignin, Pentosan und Glukan. Die Spelzen (nicht dagegen der Mehlkörper) des Gerstenkorns enthalten Zellulose, die beim Mälzen unverändert bleibt. Hemizellulosen beteiligen sich am Aufbau der Zellwände des Korns und unterstützen deren Festigkeit. Lignin ist eine in den Zellwänden der Spelze eingelagerte Substanz, die ihnen zusätzliche Stabilität verleiht. Pentosan und Glukan sind wasserlösliche Gummistoffe.

Giberelline Pflanzliche Hormone, die neben anderen Hormonen die Pflanzenentwicklung steuern. Siehe Wachstumsregulatoren.

Glukan Aus Glukose aufgebaute Polysaccharide wie Zellulose, Glykogen, Stärke.

Glukose (Dextrose, Glykose, Stärke-, Traubenzucker). Monosaccharid (kleinste Zuckereinheit). Durch Hefe vergärbar. Baustein von Polysacchariden wie Glykogen, Stärke, Zellulose, Dextran. Schlüsselsubstanz im Kohlenhydratstoffwechsel.

Glyzeride Ester des dreiwertigen Alkohols Glyzerin mit Fettsäuren. In Triglyzeriden sind alle Hydroxylgruppen verestert, Mono- und Diglyzeride treten als Zwischenstufen der Fettsynthese und dem Fettabbau auf.

Glyzerin Einfachster dreiwertiger Alkohol. Farb- und geruchlose, süß schmeckende Flüssigkeit.

Grenzdextrine Hochmolekulare Dextrine als Endstufe des enzymatischen Abbaus von Amylopektin durch Beta-Amylase.

Halogenkohlenwasserstoffe Sammelbezeichnung für Kohlenwasserstoffverbindungen, die Halogene enthalten, wie Dichlormethan, Trichlorethan, Chloroform, Dichlorpropan, Dibrommethan, PCB. Sie sind fettlöslich, wirken toxisch auf das Zentralnervensystem, haben narkotische Wirkung, schädigen die Leber und stehen unter dem Verdacht, Krebs zu erzeugen. Sie werden u. a. als Pflanzenschutzmittel eingesetzt.

Hausenblase Innere Haut der Schwimmblase des Hausen oder Beluga (eine Störart), die nach Reinigung und Trocknung in Form von Blättern oder Streifen in den Handel kommt. Wird als Klärmittel für Bier eingesetzt. Siehe Isinglas.

Herbizide Pflanzenschutzmittel. Sie unterteilen sich in Totalherbizide (Chlorate, Kupfersulfat, Kalziumcyanamid, chlorierte Fettsäuren) und solche mit selektiver Wirkung wie bestimmte Wuchsstoffe (2,4-Dichlorphenoxiessigsäure, Carbaminsäure- und Harnstoffderivate, Triacine und Pyridine wie Paraquat). Siehe Pestizide und Wachstumsregulatoren.

Hexose Monosaccharid mit sechs Kohlenstoffatomen.

Insektizide Pflanzenschutzmittel zur Bekämpfung von Insekten. Häufigste Wirkstoffe sind sehr giftige Verbindungen aus chlorierten Kohlenwasserstoffen, organischen Phosphorverbindungen und synthetischen Pyrethroiden.

Invertzucker Invertose. Gemisch von Glukose und Fruktose zu gleichen Teilen; entsteht aus Saccharose durch Hydrolyse oder enzymatisch durch die Invertase.

Isinglas Fischleim, ein aus der Hausenblase produziertes flüssiges Klärmittel für Bier.

Kieselgur Ein aus kleinsten Teilchen bestehendes Mineral (Süßwassersediment) der Tertiärzeit aus Panzern einzelliger Algen. Kieselgur enthält 85–90 % Kieselsäure sowie 4 % Aluminiumoxid. Die Brauereien setzen Kieselgur oder synthetisch gewonnene Kieselsäurepräparate als Adsorptions- und Filterhilfsmittel ein, um trübungsbildende Stoffe aus dem vergorenen Bier zu entfernen. Diese werden bei der Filtration an der 400–700 qm/g großen Oberfläche dieses Klärmittels gebunden.

Koagulation Ausflockung, Gerinnung und Denaturierung von Stickstoffsubstanzen und Eiweißstoffen in der Bierwürze infolge Hitzeeinwirkung. Das Ergebnis dieser Ausflockungen nennt man Heißtrub.

Kohlenhydrate (Saccharide). Organische Verbindungen aus Kohlenstoff, Wasserstoff und Sauerstoff (z. B. Stärke, Zucker, Zellulose). Das Stärkekorn der Gerste besteht aus zwei unterschiedlichen Kohlenhydraten (Amylose und Amylopektin). 17–24 % der Stärke in der Gerste bestehen aus der Amylose, das Amylopektin macht 76–83 % der Stärke aus.

Kupfersulfat (CuSO4) Ein Totalherbizid, das zu Erbrechen und Nierenschäden führt.

Laktose (Milchzucker) Disaccharid aus Glukose und Galaktose. Durch Enzyme in Monosaccharide spaltbar.

Lignine Füllsubstanzen zwischen Zellulosefasern. Siehe Gerüstsubstanzen.

Lipasen Enzym für den Abbau der Fette (Lipide). Sie bauen beim Keimungs- bzw. Mälzungsprozess der Gerste Esterbindungen zwischen dem Glyzerin und den Fettsäuren ab; es entstehen Lipide, die aus Mono-, Di- und Triglyzeriden bestehen. Beim Maischen spalten die Lipasen die Glyzeriden in Glyzerin und freie Fettsäuren. Ihr Temperaturoptimum liegt bei 35–40 °C und bei 65–70 °C.

Malathion Stark giftiges Insektizid aus der Gruppe der Phosphorsäureester.

Maltase Enzym, baut Maltose zu Monosacchariden, besonders Glukose, ab.

Maltose (Malzzucker) Aus zwei Molekülen Glukose aufgebautes Disaccharid. Entsteht beim enzymatischen Stärkeabbau und ist mit Hefe vergärbar (siehe Amylasen).

Maltotriose Ein Trisaccharid.

Melibiose Ein Disaccharid. Wird vom Enzym Melibiase, das genetisch bedingt nur in untergärigen, nicht aber in obergärigen Bierhefen vorliegt, weiter in Glukose und Galaktose zerlegt.

Methylbromid (CH_3Br, Brommethan) Gasförmiger, farbloser bromierter Kohlenwasserstoff. Es ist hochgiftig, verursacht neurologische Dauerschäden, wirkt mutagen und hat vermutlich Krebs erzeugendes Potenzial. Es wird als Nematizid sowie als Begasungsmittel gegen Vorratsschädlinge u. a. im Getreide eingesetzt.

Millimol (mmol) Internationale Einheit für die Gesamthärte des Wassers, d. h. der Erdalkaliionen in Millimol je Liter (mmol/l). 1 °dH entspricht 0,18 mmol/l Erdalkaliionen, 1 mmol/l entspricht 5,6 °dH.

Monosaccharide Einfache, hydrolytisch nicht weiter aufspaltbare Zucker mit fünf bis sieben Kohlenstoff- und zwei Sauerstoffatomen, z. B. Fruktose, Glukose, Hexose u. a.

Natriumhydroxid (NaOH) oder Ätznatron, stark alkalisches Ätzmittel. Die wässrige Lösung heißt Natronlauge und ist außergewöhnlich giftig. Bereits 10–15 ml einer 15%igen Natronlaugelösung können durch Perforationen in Speiseröhre und Magen tödlich wirken. Die Brauereien verwenden z. T. Natronlauge in einer Konzentration von bis zu 2 % NaOH für die Flaschenreinigung.

Nitrat (HNO$_3$) Salze der Salpetersäure und wesentlicher Bestandteil stickstoffhaltiger (nitrat- und ammoniumnitrathaltiger) Düngemittel. Besonders die Stickstoffüberdüngung landwirtschaftlicher Flächen führt zu hohen Nitratgehalten im Trinkwasser und in manchen Pflanzen. Nitrat kann durch Mikroorganismen im menschlichen Körper zum giftigen Nitrit (HNO$_2$) umgewandelt werden. Aus Nitrit und biogenen Aminen (Abbauprodukte der Eiweißbausteine, z. B. aus Käse und Milchprodukten) können im menschlichen Körper wiederum Krebs erzeugende Nitrosamine entstehen.

Oligosaccharide Zucker aus mehreren Monosacchariden.

Oxidationshemmer (Antioxidantien) Natürliche oder künstliche organische Verbindungen, die den chemischen Verderb und uner-wünschte Oxidationsprozesse für eine gewisse Zeit hemmen oder verhindern. Einige dieser Stoffe können beim Menschen Allergien auslösen.

Ozonoxidation Wasseraufbereitung (Desinfektion) mit Ozon (O$_3$), aus dem gesundheitsbedenkliche Spaltprodukte entstehen können.

Pasteurisation Verhütung von Gärungsprozessen und Hemmung oder Abtötung vegetativer Bakterienformen durch Erhitzen auf 58 bis 90 °C zur Verlängerung der Haltbarkeit von Lebensmitteln.

Pentosan Siehe Gerüstsubstanzen.

Peptidasen Eiweißspaltende Enzyme, die Peptide bis zu Aminosäuren abbauen können.

Pestizide Oberbegriff für alle zur Abwehr oder Vernichtung von Schadorganismen geeigneten chemisch-synthetischen Stoffe. Hierzu zählen Akarizide gegen Milben, Fungizide gegen Pilze, Herbizide gegen Unkräuter, Insektizide gegen Insekten, Nematizide gegen Fadenwürmer, Rodentizide gegen Nagetiere, aber auch synthetische Halmverkürzungsmittel und weitere Wuchsstoffe. Zugelassen sind etwa 180 Wirkstoffe in mehreren hundert Präparaten. Viele Pestizide sind für das Artensterben von Tieren und Pflanzen verantwortlich und gelten auch für den Menschen als hochgradig gefährlich, weil die eingesetzten hochwirksamen Stoffe nicht zwischen Zielorganismus und Nichtzielorganismus unterscheiden. Beobachtungen gehen davon aus, dass bis zu 10 % aller Tumorerkrankungen durch Pestizide ausgelöst werden.

Phosphatasen Enzyme, die im Gerstenkorn während der Keimung Phosphorsäureester spalten. Beim Maischen sorgen sie für eine Erhöhung der Azidität und bewirken damit eine Verstärkung der Pufferung in Maische, Würze und Bier. Ihr Wirkungsoptimum liegt bei 50–53 °C.

Phosphate Salze der Phosphorsäure. Die Phosphordüngung des Bodens findet in der Landwirtschaft meist mit Kaliumphosphat statt. Sie führt zur Überdüngung (Eutrophierung) von Gewässern, an der die Landwirtschaft zu etwa 25% beteiligt ist.

Phosphorsäureester Organische Phosphorverbindungen, die meist als Insektizide und Akarizide eingesetzt werden. Sie können beim Menschen zu Vergiftungen und Schäden des zentralen Nervensystems führen.

Polyphenole Gerbstoffe des Gerstenkorns und des Hopfens (Anthocyanogene, Catechine, Flavone, Tannoide), Phenolsäure (Glykoside) und Gerbsäure (Tannin), die Farbe und Geschmack der Biere beeinflussen und durch ihre gerbende, eiweißfällende Wirkung auch dessen Haltbarkeit verbessern.

Polysaccharide Kettenförmige Makromoleküle (Vielfachzucker) aus vielen verknüpften Monosacchariden, z. B. Stärke, Zellulose. Diese Kohlenhydrate entstehen durch Zusammenlagerung einer großen, wechselnden Zahl von Monosacchariden und dienen in den Pflanzen als Gerüstsubstanzen und Reservestoffe.

Proteinasen Eiweißspaltende (proteolytische) Enzyme.

Proteine (Eiweißstoffe) Hochmolekulare Nährstoffe, deren Moleküle einige hundert bis zehntausend Aminosäuren enthalten.

Proteolytische Enzyme Enzyme, die den Eiweißabbau im Gerstenkorn während des Keimungsprozesses steuern. Sie werden grob eingeteilt in Endo-Peptidasen (Proteinasen) und Exo-Peptidasen. Schematisch gesehen verläuft der Eiweißabbau folgendermaßen: Proteine, Makropeptide, Polypeptide, Oligopeptide, Dipeptide, Aminosäuren. Bei der Keimung darf dieser Eiweißabbau weder zu gering noch zu weitgehend sein (der Eiweißlösungsgrad liegt bei 40–43 %), weil z. B. höhermolekulare Polypeptide für die Schaumstabilität und Vollmundigkeit der Biere, Aminosäuren für die Ernährung der Hefe notwendig sind. Proteolytische Enzyme wie Papain, Bromelin, Ficin oder Pepsin werden von ausländischen Brauereien gelegentlich dem Bier als Stabilisierungsmittel zugegeben, um Biertrübungen zu verhindern. Diese Enzyme bauen die komplexen Eiweißstoffe zu niedermolekularen, nicht mehr zu Trübungen neigenden Produkten ab. Ihre Verwendung ist für deutsche Biere verboten.

Pyrethroide Insektizide, die ursprünglich aus natürlichen Chrysanthemen als Pyrethrum isoliert wurden und heute überwiegend synthetisch hergestellt werden. Im Gegensatz zum natürlichen Vorbild, dem sie chemisch nicht gleichen, sind sie länger haltbar und weitaus wirksamer.
Sie wirken auf das zentrale Nervensystem, das Rückenmark und das Gehirn, schwächen das Immunsystem und verringern die Anzahl der roten Blutkörperchen bei Tieren. Sie wirken auch gegen Nützlinge, sind hochgiftig für Fische, gelten als starkes Nervengift für Menschen und haben allergene Wirkungen.

Pyridin (C_5H_5N) Anwendung u. a. als Sprühinsektizid und als Kontaktherbizid Dimethylbipyridyliumchlorid (Paraquat). Vergiftungen führen zu schweren Schädigungen, meist tödliche Intoxikation.

Raffinose Ein Trisaccharid.

Restalkalität Kenngröße für Brauwasser. Ein Teil der im Wasser unerwünschten Karbonathärte wird durch die Nichtkarbonathärte ausgeglichen. Diesen Zusammenhang stellt die Restalkalität rechnerisch dar.

Saccharide (Kohlenhydrate) Aus Zuckermolekülen aufgebaute Verbindungen.

Saccharose (Rübenzucker, Rohrzucker) Ein nicht reduziertes, isolier-tes Disaccharid aus je einem Molekül Glukose und Fruktose. Hydrolytisch oder enzymatisch (Hefe-Invertase bzw. mit Hilfe des Enzyms Saccharase) in Glukose und Fruktose zu Inventzucker abbaubar.

Schwefeldioxid (SO_2) Anhydrid der schwefligen Säure. Wird u. a. als Konservierungsmittel einge setzt. Das gasförmige SO_2 wird zum Schutz gegen den Befall durch Mikroorganismen und Fraßschädlinge eingesetzt. Die schwefelige Säure Sulfit wird ebenfalls als Konservierungsmittel eingesetzt (siehe Sulfit). Schwefeldioxid und Sulfit sind gesundheitlich bedenkliche Stoffe, weil sie zu Übelkeit, Magen-Darm-Reizungen, Kopfschmerzen u. a. führen können, von ihnen ein starkes allergisches Potenzial ausgeht, das lebensnotwendige Vitamin B1 (Thiamin) zerstört und Folsäure (Vitamin B9) inaktiviert wird. SO_2 wirkt auf Mensch und Tier durch Reizung und Schädigung der Schleimhäute, Bronchiospasmen und Reizhusten.

Sediment Ablagerung nichtlöslicher Feststoffe (Hefe, Eiweiß, Hopfenharze) auf dem Boden des für Nachgärung und Klärung gelagerten Bierbehälters.

Sulfit (H_2SO_3) Salz der schwefligen Säure (siehe Schwefeldioxid). Wird vor allem in Form von Natrium-, Kalium- und Kalziumsalzen (Sulfite) als Konservierungsstoff eingesetzt, aber auch als Desinfektionsmittel bei der Flaschenreinigung in der Brauerei, zur Unterdrückung des Wachstums von Wildhefen sowie für die geschmackliche Neutralisation von Stoffen, die bei der Gärung entstehen. Ausländische Brauereien setzen Sulfite (Bisulfite, Hydrogensulfite) gelegentlich als Oxidationshemmer ein, da sie durch ihre reduzierende Wirkung den schädlichen Einfluss des Sauerstoffs im fertigen Bier verringern. Für deutsche Biere nicht gestattet.

Tannin Gerbsäure. Ein aus Galläpfeln gewonnenes Gallussäuregemisch. Tanninpräparate gehören zur Gruppe der hydrolysierbaren Polyphenole und bestehen aus Glukose, deren Hydroxylgruppen mit Gallus- und Polygallussäuren verestert sind. Sie werden von ausländischen Brauereien zur besseren Eiweißkoagulation beim Würzekochen sowie als Eiweißstabilisierungsmittel während der Lagerung dem Bier zugegeben. Für deutsche Biere nicht erlaubt.

Triazine Verbindungen mit drei N-Atomen, Grundstoffe für Pestizide.

Triazin Wird neben Atrazin am häufigsten im Grundwasser gefunden.

Trisaccharid Oligosaccharid aus drei Monosacchariden, z. B. Raffinose (Fruktose + Glukose + Galaktose).

Vergärungsgrad Das Ausmaß, in welchem die gärfähigen Zucker von der Hefe in Alkohol und Kohlensäure umgesetzt werden. Der Vergärungsgrad gibt die Menge des vergorenen Extraktes in Prozent des Extraktgehaltes der Anstellwürze an. Der Vergärungsgrad errechnet sich aus der Formel:

Vergärungsgrad % = (Extrakt der Anstellwürze minus Extrakt des vergorenen Bieres) x 100 : Extrakt der Anstellwürze.

Wachstumsregulatoren Synthetisch hergestellte Verbindungen (sie gehören zu den Herbiziden), die auf Wachstum und Entwicklung der Pflanze einwirken. Die Giberellinsäure (Chlorcholinchlorid, CCC) beeinflusst z. B. das Längenwachstum von Pflanzen (Halmverkürzung im Getreidebau). Die bei Wuchsstoffen eingesetzten Verbindungen sind substituierte Phenoxyfettsäuren, die wegen ihrer hohen Toxität und der produktionsbedingten Verunreinigung durch hochgiftige Dioxine als sehr bedenklich für den Menschen gelten.

Wasserglas Natriumsilikat, wird hergestellt durch Zusammenschmelzen von Kieselsäure und Natriumkarbonat.

Zellulose Pflanzliches Polysaccharid. Siehe Gerüstsubstanzen.

Zymase Ein für die Einleitung der Gärung verantwortlicher Hefeenzymkomplex.

Bezugsquellen

In Deutschland ist die Hobbybrauerei noch nicht so weit verbreitet wie beispielsweise in den USA oder in England, wo es in fast jeder großen Stadt ein Fachgeschäft für Homebrewers gibt. Aus diesem Grund ist der Fachhandel für den speziellen Bedarf des Hobbybrauers bei uns nicht so zahlreich vertreten. Da Sie als Hobbybrauer beim biologischen Ablauf des Brauens völlig ohne Hilfs- und Zusatzstoffe auskommen und die Herstellung eines naturbelassenen Biers vor allem von der Qualität der verwendeten Braurohstoffe abhängt, sollten Sie möglichst nur Hopfen und Malz aus kontrolliert ökologischem Anbau verwenden. Mit diesen Rohstoffen können Sie sicher sein, ein wirklich »reines« Bier ohne schädliche Reststoffe herstellen zu können. Falls Sie in der Nähe einer der etwa 30 in Deutschland existierenden Bio-Brauereien wohnen, können Sie sich erkundigen, ob diese Braumalz in kleinen Mengen abgibt. In der Regel werden Sie allerdings nur ein oder zwei Malzsorten von einer Brauerei beziehen können. Auf den Versand von Rohstoffen ist keine Brauerei eingerichtet.

Ökologische Braurohstoffe und Zubehör für Hobbybrauer

DER HOBBYBRAUER-VERSAND
E. Schmeling-Krause
Satkau Nr. 1
D-29459 Clenze
Telefon + Fax (05844) 630
Internet: http://www.hufen.de
eMail: Udo.Krause.Satkau@t-online.de

Sämtliche Bioland-Braurohstoffe, komplettes Sortiment konventioneller Rohstoffe, komplettes Angebot an Braugeräten und Zubehör, Einsteigersets, Fachliteratur. Prospekt mit Preisliste und Seminarprogramm können kostenlos angefordert werden. Spezialisierter Fachhandel für Hobbybrauer (Shop & Versand). Kompetenter Ansprechpartner für alle Braufragen, telefonische Beratung. Regelmäßige Wochenend-Brauseminare für Anfänger und Fortgeschrittene.

VIERKA Weinhefe-Zuchtanstalt
Friedrich Sauer GmbH & Co
Postfach 1328
D-97628 Bad Königshofen
Telefon (09761) 91880
Fax (09761) 91884

Verschiedene Naturland- und konventionelle Braurohstoffe, diverse Braugeräte, Fachliteratur. Prospekt mit Preisliste kann kostenlos angefordert werden. Spezialisierter Versandhandel insbesondere für den Kellereibedarf (Weinbereitung, Weinhefe-Zuchtanstalt, Likör, Säfte, Essig u. a.)

Nützliche Anschriften

Vereinigung der Haus- und Hobbybrauer in Deutschland e.V. (VHD)
c/o Walter Simon
Am Felsenkeller 2
D-91090 Effeltrich
Telefon (09133) 603467

Bioland-Bundesverband
für organisch-biologischen Landbau e.V.
Kaiserstr. 18
55116 Mainz
Telefon (06131) 239790
Fax (06131) 2397927
Liste der Bioland-Brauereien, Bioland-Richtlinien für die Verarbeitung von Bier.

Der VHD gibt eine für Hobbybrauer sehr interessante Vereinszeitschrift mit dem Titel »Flaschenpost« heraus.

Register

Abfüllung 60, 63
Abläutern 33, 44, 46
Abmaischen 43–44
Alkalität 27–31
Altbier (Rezept) 82
Anschriften 93
Anschwänzen 33, 44–46
Ausschlagen 34, 52–53

Belgisches Ale (Rezept) 86
Bezugsquellen 93
Bierflaschen 64 – 65
 – hefe 20 – 25, 55–56
 – mängel 74–77
 – steuer 71
 – würzespindel 47
Bitterstoffgehalt 50–52
Bockbier hell (Rezept) 81
Brauanleitung 33–69
 – fehler 74–77
 – gerste 9–12
 – hefe 20–25, 55–56
 – löffel 41
 – protokoll 72–73
 – topf 40
 – wasser 26–31

Chlor 31

Darrmalz 11 – 12
Dinkel 13
Doppelbock dunkel
 (Rezept) 82
Dry Stout (Rezept) 86

Einmaischen 40
Eiweißrast 41

Emmer 13
Englischer Porter
 (Rezept) 85
Extraktgehalt 47–48

Fachbegriffe 87–92
Flüssighefe 24, 55–56

Gärdauer 58
 – gefäß 53
 – schaum 59
 – stadien 58–59
 – temperatur 57–58
Gentechnik 22–23
Gerste 9–12, 14
Grundausrüstung 36
Grünmalz 11
Guiness 86
Guss 39

Hafer 14
Hauptgärung 34, 55
Hefe 20–25, 55–56
 – anstellen 56
 – ernte 24–25
 – vermehrung 24–25
Hopfen 15–20
 – anbaugebiete 16
 – extrakte 19
 – pellets 19
 – seihen 52–53
 – zugabe 33, 49–52

Impressum 94
Infusionsverfahren 38
Irisches Schwarzbier
 (Rezept) 86
Isohopfen 20

Jodprobe 43

Karbonathärte 27–29
Kölsch (Rezept) 83
Konservierung 66–67

Lager hell (Rezept) 80
Lagerung 67 – 68

Mais 15
Maischen 33, 38 – 44
Maischholz 41
Maltoserast 42
Malz 9, 11, 12, 13
 – bereitung 10, 11, 12
 – ersatzstoffe 13 – 14
 – extrakte 15
 – schroten 37 – 38
 – stärke 38 – 39
Mälzung 10
Märzen dunkel (Rezept) 81

Nachgärung 34, 63 – 64
Nachguss 44 – 46
Naturtrüb 65 – 66
Nitrat 18, 31

Obergärige Hefe 21
Ökologischer Hopfen-
 anbau 18

Pale Ale (Rezept) 85
Pestizide 16 –18
Pfanne 40
 – vollwürze 46
Pils (Rezept) 80

Reifung 34, 63, 67–68
Reinheitsgebot 6–7
Reis 15
Rezepte 78–86
Roggen 13
 – bier (Rezept) 84

Suermalz 40
Schlauchen 63
Schrotmühle 37 – 38
Schüttung 39 – 40
Speise 54 – 55, 61 – 62
Spindeln 47
Stammwürze 54
Stärkeabbau 38 – 39
Starterkultur 25
Sudkessel 40

Trockenhefe 24, 56
Trubfilterung 52 – 53

Untergärige Hefe 21 – 22

Verzuckerungsrast 42 – 44
Vorbereitungen 33,
 35–38

Wasser 26 – 31
 – aufbereitung 37
 – härte 27 – 31
Weizen 14
 – bier dunkel
 (Rezept) 84
 – bier hell (Rezept) 83
Würze belüften 56
 – kochen 33, 48 – 52
 – kühlung 34, 53 – 54

Impressum

© 2001 W. Ludwig Buchverlag, München, in der Econ Ullstein List Verlag GmbH & Co. KG, München

Redaktion:
Christine Seidel

Projektleitung:
Christine Seidel

Redaktionsleitung:
Dr. Reinhard Pietsch

Bildredaktion:
Sabine Kestler

Produktion:
Manfred Metzger, Annette Aatz

Umschlag:
Till Eiden

Layout:
Reinhard Soll

DTP/Satz:
Veronika Moga

Druck:
Weber Offset, München

Bindung:
R. Oldenbourg, München

Printed in Germany

Gedruckt auf chlor- und säurearmem Papier

ISBN 3-7787-3973-5

Über den Autor

Udo Krause zog es vor zehn Jahren von der Großstadt aufs Land. Seit einiger Zeit versorgt er sich und seine Familie überwiegend mit selbst angebauten oder hergestellten Produkten. Auch das selbst gebraute Bier durfte dabei nicht fehlen.

Hinweis

Das vorliegende Buch ist sorgfältig erarbeitet worden. Dennoch erfolgen alle Angaben ohne Gewähr. Weder Autor noch Verlag können für eventuelle Schäden, die aus den im Buch gemachten Hinweisen resultieren, eine Haftung übernehmen.

Bildnachweis

AKG, Berlin: 4, 5, 6, 7, 20; CMA/Deutsches Bier: 1, 12; Das Fotoarchiv, Essen: 14 (Sebastian Bolesch), 17, 19 (Andreas Riedmiller); Rees, Peter, Köln: Titelbild; Rudolph Hagen Dr., Dahlenburg: 11, 22, 25 (3), 39, 41, 43, 45 (3), 47, 48, 53, 55, 56, 62, 64; Sperl, Siegfried, München: 8, 27, 32, 33, 65; Südwest Verlag, München: Vorsatz/Nachsatz, 34, 35, 58, 59, 60, 67, 74, 78 (Peter Rees), 44 (R. Schmitz); Transglobe, Hamburg: 26 (Hackenberg), 28 (Kanicki), 31 (Wolfgang Schmidt); Visum, Hamburg: 68 (Michael Lange), 70 (Michael Wolf)

Literaturhinweise

Bioland Verband e. V. Bioland-Richtlinien für die Verarbeitung von Bier. Fassung vom 29.4.1997.
Bioland Verband e. V. Bioland-Richtlinien für Pflanzenbau, Tierhaltung und Verarbeitung. Mainz 2000.
Neue Chemie in Lebensmitteln. Hrsg. Katalyse Institut für angewandte Umweltforschung Köln e.V. Frankfurt/M. 1995.
Hubert Hanghofer. Bier brauen nach eigenem Geschmack. München 1999.
Hausgemacht. Hrsg.: Erika Casparek-Türkkan und Petra Casparek. München 1998.
Udo Krause. Bierbrauen. Rezepte und wertvolle Tips für Hobbybrauer. München 1995.
Udo Krause. Bier brauen. Das Praxisbuch. München 1998.
Ludwig Narziß. Abriß der Bierbrauerei. Stuttgart 1995.
Pestizide in Hopfen und Bier. Kleine Anfrage der Fraktion Bündnis 90/Die Grünen (Bundestagsdrucksache 13/8429, 1997 und Antwort der Bundesregierung vom 30.10.1997).
John Seymour. Das große Buch vom Leben auf dem Lande. Ravensburg 1976.
Wolfgang Vogel. Bier aus eigenem Keller. Stuttgart 1993.